FILOSOFIA
SEM AS PARTES CHATAS

ALAIN STEPHEN

FILOSOFIA SEM AS PARTES CHATAS

– Da Grécia Antiga ao Pensamento Moderno –
As Grandes Questões Existenciais Explicadas
de Forma Clara e Objetiva

Tradução
Carlos Augusto Leuba Salum
Ana Lucia da Rocha Franco

Editora
Cultrix
SÃO PAULO

Título do original: *Why We Think the Things We Think – Philosophy in a Nutshell*.

Copyright © 2015 Michael O'Mara Books Limited.

Publicado pela primeira vez em 2015 por Michael O'Mara Books Limited
9 Lion Yard – Tremadoc Road – London SW4 7 NQ

Copyright da edição brasileira © 2017 Editora Pensamento-Cultrix Ltda.

Texto de acordo com as novas regras ortográficas da língua portuguesa.

1ª edição 2017.

Todos os direitos reservados. Nenhuma parte desta obra pode ser reproduzida ou usada de qualquer forma ou por qualquer meio, eletrônico ou mecânico, inclusive fotocópias, gravações ou sistema de armazenamento em banco de dados, sem permissão por escrito, exceto nos casos de trechos curtos citados em resenhas críticas ou artigos de revistas.

A Editora Cultrix não se responsabiliza por eventuais mudanças ocorridas nos endereços convencionais ou eletrônicos citados neste livro.

Editor: Adilson Silva Ramachandra
Editora de texto: Denise de Carvalho Rocha
Gerente editorial: Roseli de S. Ferraz
Preparação: Nilza Agua
Produção editorial: Indiara Faria Kayo
Editoração eletrônica: Join Bureau
Revisão: Vivian Miwa Matsushita

Dados Internacionais de Catalogação na Publicação (CIP)
(Câmara Brasileira do Livro, SP, Brasil)

Stephen, Alain
    Filosofia sem as partes chatas: da Grécia Antiga ao pensamento moderno: as grandes questões existenciais explicadas de forma clara e objetiva / Alain Stephen; tradução Carlos Augusto Leuba Salum, Ana Lúcia da Rocha Franco. – São Paulo: Cultrix, 2017.

    Título original: Why we think the things we think: philosophy in a nutshell
    Bibliografia
    ISBN 978-85-316-1383-8

    1. Filosofia – Obras de divulgação I.Título.

17-01161   CDD-100

Índices para catálogo sistemático:
1. Filosofia   100

Direitos de tradução para o Brasil adquiridos com exclusividade
pela EDITORA PENSAMENTO-CULTRIX LTDA., que se reserva a
propriedade literária desta tradução.
Rua Dr. Mário Vicente, 368 — 04270-000 — São Paulo, SP
Fone: (11) 2066-9000 — Fax: (11) 2066-9008
http://www.editoracultrix.com.br
E-mail: atendimento@editoracultrix.com.br
Foi feito o depósito legal.

Para Polly

SUMÁRIO

Introdução: filosofia numa casca de noz?	9
Por que afinal existe o ser em vez do nada?	13
O que é moralidade?	19
Temos livre-arbítrio?	25
A beleza está no olho de quem vê?	31
É possível experimentar algo objetivamente?	37
O que é a arte?	41
Como sabemos que nossa experiência de consciência é igual à de outras pessoas?	47
Como saber a diferença entre certo e errado?	53
O que é má-fé?	63
O copo está meio cheio ou meio vazio?	67
O que é felicidade?	75
O que é liberdade?	79

Se os deuses existem, por que permitem o sofrimento? 85

Os animais têm direitos? 91

O que é o tempo? 95

Se uma árvore cai numa floresta e não há ninguém por perto para ouvi-la, será que ela faz algum som? 101

Nada é suficiente para quem o suficiente é pouco? 105

Há alguma diferença entre viver e estar vivo? 111

É melhor amar do que ser amado? 117

Temos alma? 123

O dever deve vir antes do prazer? 129

Existem verdades universais? 135

O que são "meios de produção"? 141

Existem questões que a ciência não consegue responder? 147

As palavras têm significado? 153

Será que existem coisas como sorte e destino? 159

A história já acabou? 165

Existe vida depois da morte? 171

Conclusão: numa casca de noz 177

Agradecimentos 181

Bibliografia selecionada 183

INTRODUÇÃO
FILOSOFIA NUMA CASCA DE NOZ?

Numa das minhas lembranças da infância, estou no meu quarto, sem nada em especial para fazer. O velho trenzinho, que antes corria entre os verdes e os marrons da paisagem primorosamente executada em papel machê (tinha um túnel atravessando uma montanha e duas estações), que ficava suspensa, aparafusada à parede, e ocupava quase metade do quarto, estava quebrado. Na verdade, estava sempre quebrando, mas, quando funcionava, me dava muita alegria. Acho que foi a partir daí que comecei a pensar em como as coisas funcionam, ou não funcionam, em alguns momentos, mas não em outros. Eu não pensava nisso no sentido mundano, como quando se pensa numa máquina de lavar enguiçada ou num celular que caiu na privada, ou mesmo no meu trenzinho que tinha funcionado com perfeição no dia anterior. Não, eu estava desenvolvendo uma noção da natureza falível das coisas em geral.

O que está no cerne dessa natureza transitória da realidade, que minha consciência de um garoto de 6 anos de idade lutava para compreender? Não que esse tenha sido um momento eureca, mas percebi de repente que estava tendo uma conversa comigo mesmo. Estava fazendo perguntas, questionando, deliberando e, para ser sincero, ficando confuso. Até onde minha memória alcança, esse é o ponto em que comecei a pensar, ou em que tomei consciência de que conseguia pensar por mim mesmo.

É claro que eu já pensava antes disso. Eu *sabia* que não podia pôr a mão no fogo, nem ficar parado na frente de um ônibus ou deixar a bicicleta na chuva. Eu *sabia* como era sentir fome, felicidade, raiva ou tristeza. Seria esse conhecimento *a priori* (um termo a que muitos filósofos são particularmente afeitos), ou seja, será que eu o adquiri graças a uma capacidade inata de dedução teórica, contraposta à observação das minhas próprias experiências? Essa "voz dentro da minha cabeça" estava começando a fazer perguntas – por que há uma voz em nossa cabeça? Neste parágrafo, usei o verbo "saber" no pretérito imperfeito, mais comumente usado para denotar tempo inacabado. Mas o que aconteceria se o tempo de repente parasse – se ele acabasse? Será que a voz em nossa cabeça pararia de repente de pensar? Esse é um pensamento aterrorizante.

Por quanto tempo fiquei pensando no quarto, diante do trenzinho quebrado, não sei ao certo. Uma coisa que sempre me impressionou é que nossa percepção pessoal de tempo e espaço parece diminuir e se estreitar à medida que envelhecemos. Uma hora, um dia e até mesmo um mês parecem durar muito mais tempo para um menino de 6 anos do que para um homem de 46. As férias de verão parecem durar um século para um adolescente, mas hoje em dia eu mal percebo quando as luzes da rua começam a se acender mais cedo.

Certo dia, uns dois anos depois de me formar no ginásio, voltei à minha antiga escola e fiquei surpreso ao ver como ela parecia pequena. O local, com seu imponente palco de madeira, de onde o severo diretor fazia seus discursos ladeado por fileiras de professores seniores, era enorme para mim quando eu estava na primeira série. Mas de repente parecia ter ficado menor, suas dimensões tinham encolhido. A menos que o prédio da escola tivesse passado por uma reforma radical, isso não era possível. Era a minha percepção do local ou, para ser mais exato, minha experiência naquele local que tinha mudado.

Então, que importância tem um trenzinho quebrado ou um local encolhido para a filosofia? Esses dois fenômenos representam observações e reflexões feitas a partir da experiência. Quão confiáveis são essas reflexões depois de filtradas através do prisma das lembranças é uma questão em aberto. Estou tentando, de modo indireto, chegar a algumas conclusões sobre o que constitui a filosofia. Será ela pensar e refletir sobre a experiência humana da realidade?

A definição tradicional de filósofo (atribuída com frequência a Pitágoras) é "amante da sabedoria ou do conhecimento". Então, a filosofia seria o estudo do conhecimento. É interessante observar como a filosofia e a ciência, como disciplinas devotadas à compreensão do mundo, divergiram e se separaram ao longo dos últimos séculos. A ciência parece levar a melhor, já que consegue provar inúmeras coisas enquanto, em certo sentido, a filosofia é considerada puramente teórica, perita em fazer perguntas, mas incapaz de fornecer respostas claras. No entanto, muitos dos grandes filósofos não consideram disciplinas como matemática, física e ciências naturais mais importantes do que o estudo da ética, da estética ou da teologia.

Immanuel Kant afirmou uma vez que a "filosofia é a rainha de todas as ciências" – ou seja, que estudar ideias e pensamentos ou, de modo mais preciso, como as ideias são formadas, tem mais importância do que resolver equações. O clichê comum é que a filosofia consiste em perguntas cujas respostas se desdobram invariavelmente em mais perguntas. Sob essa luz, será possível colocar a filosofia "numa casca de noz"?

Este livro tem uma tarefa difícil, já que é composto de perguntas. Essas perguntas, espera-se, ocorrem para a maioria das pessoas de tempos em tempos, em particular nos momentos silenciosos de reflexão ou observação (como aconteceu comigo quando criança sentado diante do trenzinho).

Tive que ser seletivo quanto aos filósofos que escolhi para elucidar as perguntas e procurei, sempre que possível, apresentar contra-argumentos e diferentes visões. Questões básicas, como "o que é felicidade?", têm sido examinadas por muitos filósofos e escritores através das eras, e tentar fazer um apanhado abrangente de toda a literatura sobre o assunto encheria uma biblioteca. Peço desculpas por quaisquer omissões e espero que meus resumos o estimulem a continuar investigando. Como muitas das ideias e perguntas básicas se sobrepõem, tentei indicar essas relações. Há, sem dúvida, muitas ideias relacionadas no estudo da ética, da estética e dos sistemas de crença. Cabe a nós nunca parar de aprender coisas novas ou, o que é mais importante, de perguntar por que algumas coisas são e outras não. Talvez o direito de examinar ideias e pensamentos seja a filosofia numa casca de noz.

– Alain Stephen

POR QUE AFINAL EXISTE O SER EM VEZ DO NADA?

A metafísica é um ramo da filosofia que trata de questões a respeito da natureza da existência e das relações entre mente e matéria. A palavra aparece pela primeira vez na obra do antigo filósofo grego Aristóteles (384-322 a.C.) como *metaphysika*, que significa "depois da física". Isso levou à interpretação de metafísica como o estudo de coisas além do mundo físico, ou de coisas que não podem ser analisadas por meio da experiência, das observações ou do método científico. Existe uma teoria de que o uso da palavra por Aristóteles pode ser atribuído ao primeiro editor de suas obras reunidas, Andrônico de Rodes. Aristóteles escreveu tratados sobre uma ampla variedade de assuntos e a palavra *metaphysika* faria parte do método de Andrônico para classificar uma série de escritos não relacionados a disciplinas como ciência, matemática ou direito.

No entanto, para filósofos subsequentes, *metaphysika* significa o estudo do não físico ou imaterial e das relações com a realidade percebida. Aristóteles era particularmente afeito a ordenar diferentes ramos do conhecimento humano. Segundo Andrônico, ele considerava a metafísica como a mais pura das ciências, usando o termo "primeiros princípios" para indicar a descoberta das leis essenciais que governam o universo.

> " Nada é mais real do que nada. "
> – Samuel Beckett, *Malone Morre*

Uma das questões centrais da metafísica consiste em definir a "natureza" do ser, da existência e o nosso senso de realidade. Um dos aspectos dessa investigação diz respeito à questão de por que há algo em vez de nada. Parmênides de Eleia (c. 530? 515?-460? 440? a.C.), filósofo grego pré-socrático, aborda o assunto no tratado *Sobre a Natureza*. A investigação de Parmênides assume a forma de um poema épico, do qual restam apenas 160 linhas (estima-se que a obra original tivesse mais de 3 mil linhas). O poema conta a história do encontro de um jovem (ao que tudo indica, Parmênides) com uma deusa, que lhe revela a verdadeira natureza das coisas do universo. A deusa explica que há duas maneiras fundamentais de compreender o processo fenomenológico que acontece no âmago da existência: a via da verdade (*episteme*) e a via da opinião (*doxa*).

A via da verdade pode ser delineada em dois caminhos de investigação: coisas que existem e coisas que não existem. Para Parmênides, sabemos que as coisas existem porque é impossível contemplar algo que não existe, assim como é impossível que nada se torne alguma coisa.

> *Necessário é dizer e pensar que só o ser é; pois o ser é, e o nada, ao contrário, nada é.*
> – Parmênides, Sobre a Natureza (c. 475 a.C.)

Em contraste com a via da verdade, está a via da opinião. Parmênides desaprova a confiança que os pensadores pré-socráticos anteriores têm nos sentidos para determinar a natureza das coisas, argumentando que os sentidos não são confiáveis. Em suma, nossa experiência das coisas é diferente das coisas "como elas são" (ver *É possível experimentar algo objetivamente?*), sendo assim não confiável. Parmênides pode ser considerado, portanto, como um dos primeiros pensadores a expressar a dualidade entre aparência e realidade.

> *Quando pensamos, pensamos em algo; quando usamos um nome, deve ser o nome de algo. Portanto, tanto o pensamento quanto a linguagem exigem objetos externos a eles mesmos. E como podemos pensar em algo ou falar sobre algo num certo momento, assim como em outros momentos, tudo o que pode ser pensado ou falado tem que existir em todos os momentos. Assim, não pode haver mudança, já que a mudança consiste em coisas vindo a ser e deixando de ser.*
> – Bertrand Russell, História da Filosofia Ocidental (1945)

Parmênides conclui que como o que é é e que o que não é não pode ser, há algo em vez de nada, já que o nada não existe. O universo é, portanto, uma entidade única, infinita, eterna e imutável. O filósofo inglês Bertrand Russell fornece um resumo claro do paradoxo de Parmênides em sua famosa obra, *História da Filosofia Ocidental*.

Numa palestra que se tornou muito influente, "O que é Metafísica?", o filósofo existencialista alemão Martin Heidegger procura inverter o foco do paradoxo de Parmênides. Para Heidegger, a metafísica tinha se concentrado demais na análise "do que é", negligenciando a pergunta "o que não é?".

Heidegger observa que, para contemplar plenamente a natureza do "nada", temos que pôr de lado a lógica formal e a afirmação de Parmênides de que é impossível compreender o que não existe. A abordagem de Heidegger ao problema do nada é abstrata, quase psicológica.

> *Ao contemplar cuidadosamente o Nada em si mesmo, começamos a perceber a importância e a vitalidade de nossos próprios humores. Acima de tudo, Nada é o que produz em nós um sentimento de angústia.*
> – Martin Heidegger, "O que é Metafísica?"
> (palestra proferida na Universidade de Freiburg, Alemanha, 24 de julho de 1929)

Esse profundo sentimento de angústia, sustenta Heidegger, é o mais fundamental indício humano da natureza e realidade do nada. Heidegger usa o termo alemão *Dasein*, o que se traduz aproximadamente por "Ser-aí" ou o "Ser-aí-no-mundo", para descrever a vida humana, mas afirma que nosso *Dasein* é temporal e incerto. Assim, o fato de que em algum momento morreremos e deixaremos de ser é um aspecto da experiência humana. Heidegger argumenta que, se a morte, de alguma maneira contraintuitiva, define a vida, então também o nada dá forma ao ser. Sob esse aspecto, o ser não se opõe ao nada: são dois estados paralelos e relacionados. Isso levou Heidegger a sugerir que o ponto fundamental da discussão filosófica não é "por que existe o ser em vez do nada?", mas sim "por que afinal existe o ser e existe o nada?".

O QUE É MORALIDADE?

Tradicionalmente, há duas maneiras de usar a palavra "moralidade". A definição descritiva diz respeito a códigos específicos de conduta desenvolvidos por uma sociedade, organização ou grupo social como modelo aceito de comportamento individual. A definição normativa diz respeito a códigos de conduta que, dentro de certas condições, seriam acatados por todos os seres racionais. A aplicação do termo moralidade é essencial na formulação de um importante ramo da filosofia, conhecido como ética. A moralidade normativa busca revelar um código universal de conduta que se aplique a qualquer pessoa que consiga compreendê-lo e governar seu comportamento de acordo com ele. Esse código deve ser obrigatório, exigindo que as pessoas se abstenham de agir de maneira a violar uma prescrição moral. Um exemplo disso é a proibição ética de que é errado pôr fim à vida de outra pessoa. Além disso, a moralidade normativa exige adesão a uma série de condições válidas pelas quais pessoas racionais possam sancionar o código. Por exemplo: embora seja errado pôr fim à vida de outra pessoa, será que existem certas condições que tornem esse ato a coisa certa a fazer moralmente?

As teorias morais variam quanto à análise dos aspectos básicos de pessoas racionais e quanto à qualificação das circunstâncias em que todas as pessoas racionais aprovariam um código de conduta como código moral (ver *Como saber a diferença entre certo e errado?*). Uma das principais questões em filosofia moral diz respeito ao debate entre realismo e antirrealismo moral.

Os filósofos do realismo moral adotam a visão de que há fatos morais objetivos. Em outras palavras, há coisas no mundo que são sempre boas ou más, independentemente de pontos de vista individuais. O contra-argumento – a posição antirrealista – é que não há fatos morais absolutos, mas apenas opiniões, e o que consideramos fatos morais não são regras que descobrimos, mas regras que inventamos para nós mesmos. Relacionada a esse debate há uma questão sobre o que é chamado de cognitivismo e não cognitivismo, e a validade de enunciados morais. O cognitivismo afirma que declarações sobre questões morais são proposições e que, sendo assim, podem ser testadas pela razão para determinar se são verdadeiras ou falsas, como no exemplo do enunciado "o assassinato é errado". Ao fazer a declaração sobre assassinato, descrevi alguma coisa relativa ao mundo. Além disso, apliquei o valor "errado" ao conceito de assassinato. Para determinar se o assassinato tem mesmo esse valor, preciso chegar a uma conclusão sobre sua validade objetiva – a descrição está certa ou errada?

> " Nunca deixe seu senso moral impedir você de fazer o que é certo. "
> – Isaac Asimov, *Fundação* (1951)

O não cognitivismo toma a posição oposta. Segundo os não cognitivistas, quando digo "o assassinato é errado", não estou descrevendo o mundo em termos objetivos, mas expressando apenas meus próprios sentimentos e opiniões. O não cognitivismo alega portanto que, como os enunciados morais não são descritivos, eles não podem ser verdadeiros nem falsos. É claro que para que algo seja verdade, tem que ser descrito como sendo da maneira que é ou, inversamente, para ser falso precisa ser descrito como sendo diferente do que é. Os enunciados não descritivos não podem ser nem verdadeiros nem falsos.

O não cognitivismo levou ao desenvolvimento da metaética, conhecida como expressivismo. Segundo o expressivismo, o sentido da linguagem moral não é descrever as coisas ou enunciar fatos definidos de maneira clara sobre o mundo, mas expressar uma avaliação na forma de uma atitude ou observação. Assim, enunciados como "torturar gatinhos é ruim" não contêm um enunciado de fato, não tendo, portanto, o valor de verdade. Isso leva a um grande quebra-cabeça semântico, quando uma simples frase declarativa moral está incluída numa sentença mais complexa. Considere o seguinte argumento:

Torturar gatinhos é ruim.
Se torturar gatinhos é ruim, então é errado pedir aos amigos que torturem gatinhos.
Portanto, é errado pedir a seus amigos que torturem gatinhos.

A primeira frase, segundo o expressivismo, não tem valor de verdade e é apenas uma avaliação do ato de torturar gatinhos. Na segunda frase, no entanto, é colocado um cenário hipotético que não expressa uma avaliação do ato de torturar gatinhos, mas satisfaz meramente uma condição. Segundo a lógica formal proposicional (conhecida como *modus ponens*), se a primeira parte de um enunciado ou proposição é considerada verdadeira, a segunda parte tem também que ser verdadeira. Assim, a teoria expressivista não pode ser aplicada à segunda frase, mas a lógica formal pode, independentemente da ausência de valores de verdade. Esse problema é conhecido como objeção de Frege-Geach, em referência à análise que o filósofo inglês do século XX, Peter Geach, fez da obra do matemático e filósofo alemão Gottlob Frege (1848-1925).

Um modo possível de contornar o problema do valor de verdade dos enunciados morais é considerar a intenção por trás dos julgamentos morais e sua expressão na linguagem: o que o sujeito pretende atingir com o enunciado "torturar gatinhos é ruim" e como isso reflete o estado mental (cognitivo) do sujeito. Assim como os enunciados expressam nossas ideias e crenças sobre o mundo, eles expressam também julgamentos e crenças morais. Nesse sentido, a moralidade se torna tanto uma questão de uso da linguagem moral quanto um código tradicional de conduta, uma área que é cada vez mais do interesse da filosofia moderna. Por fim, embora a possibilidade de ser enganado por julgamentos morais seja ruim da perspectiva individual, seria pior ainda nos deixar enganar ao aceitar fatos morais como verdades, por causa apenas da maneira como são expressos.

"*Os homens, eu penso, não são capazes de nada fazer e de nada dizer, de não reagir à injustiça, de não protestar contra a opressão, de não lutar pela sociedade justa e pela boa vida da forma como pensam.*"
– Nelson Mandela (1918-2013)

TEMOS LIVRE-ARBÍTRIO?

Numa definição ampla de filosofia, ela é uma disciplina que busca descobrir a natureza fundamental do conhecimento, da realidade e da existência. Supondo que "conhecimento" seja compatível com "significado" e "compreensão", então essa definição pode ser simplificada como busca para compreender o significado da vida. Uma área que causa constante inquietação nos filósofos engajados na busca por significado é até que ponto estamos no controle da nossa vida. Fundamental para essa questão é o problema do livre-arbítrio.

Uma definição geral de livre-arbítrio é: *a capacidade evidente de agentes (pessoas) de fazer escolhas a respeito do curso de suas ações. Relacionadas a essas escolhas estão noções de certo e errado e questões relacionadas com ética, moral e responsabilidade no modo de agir.* O problema do livre-arbítrio é estar em contradição direta com a doutrina do *determinismo*.

Determinismo é um conceito amplo com implicações radicais para a ciência, a religião, a ética e o direito. A explicação comum de determinismo é que toda ação e acontecimento no mundo são causados por fatores anteriores ou que deles resultam. Essa perspectiva pressupõe a noção de que a realidade é predeterminada ou preexistente e que, portanto, nada de novo pode ocorrer, já que todos os acontecimentos são apenas o efeito de acontecimentos anteriores. Se o determinismo é correto, então assim como todos os acontecimentos do presente são inevitáveis e inalteráveis, assim serão também todos os acontecimentos do futuro. Nessas condições, o exercício do livre-arbítrio ou liberdade de escolha no sentido mais estrito é, na melhor das hipóteses, ilusão, já que todas as nossas ações são "produtos" de fatores além do nosso controle. Em outras palavras, todos os acontecimentos têm que ter uma causa, que determina o resultado.

Uma forma de determinismo se originou com os filósofos da "escola atomista" da Grécia Antiga, como Demócrito e Epicuro (ver *Nada é suficiente para quem o suficiente é pouco?*), embora os "atomistas" se interessassem menos pelo problema do livre-arbítrio do que pelo combate às superstições dominantes sobre destino e sorte. O determinismo moderno tem suas raízes em desenvolvimentos da ciência nos séculos XVIII e XIX. Dentro do determinismo há várias subdivisões, como o determinismo físico, que reduz as relações humanas à interação entre propriedades biológicas, físicas e químicas e tem sido essencial no desenvolvimento da neuropsicologia. O determinismo histórico (ou materialismo histórico) forma a base da filosofia política de Karl Marx, que remete a funções da economia.

A abordagem comum à análise do problema do livre-arbítrio *versus* determinismo assumiu a forma de um estudo profundo de definições e complexidades inerentes ao uso de termos como "livre", "vontade", "causa" e "escolha". No esforço para definir com rigor o que implica o livre-arbítrio, os filósofos têm trabalhado com ideias como "capacidade de fazer diferente" ou "possibilidades opcionais". Essa direção, além dos significados expressos pela linguagem usada, levou alguns filósofos modernos a suspeitarem que o problema é, de modo preciso, uma questão de semântica, sendo portanto um pseudoproblema. Como reação, outros pensadores têm analisado a complexidade da tomada de decisões e a importância das nuances linguísticas na discussão do livre-arbítrio.

Um argumento contra o determinismo é fornecido por uma perspectiva conhecida como *libertarianismo metafísico*, segundo o qual o livre-arbítrio existe em certos indivíduos. No seu ensaio "The Will to Believe", o filósofo e psicólogo norte-americano do século XIX William James (1842-1910) argumenta que o livre-arbítrio existe apenas porque ele escolheu acreditar nisso. Essa observação levou a uma análise detalhada da natureza da escolha e, em particular, da capacidade humana de negar ou afirmar um curso de ação ou desejo conflitante.

> " Se Deus não existisse,
> seria preciso inventá-lo. "
> – Voltaire, epístola ao autor do livro,
> *Os Três Impostores* (1768)

Na obra clássica *Leviatã* (1651), o filósofo inglês Thomas Hobbes sustenta que a liberdade (ele evita usar o termo livre-arbítrio) é apenas a ausência de impedimentos externos à ação. Para Hobbes, o livre-arbítrio existe desde que não estejamos reprimidos ou coagidos externamente. Essa visão é retomada por filósofos contemporâneos como o norte-americano Richard Rorty, que deixa clara a diferença entre liberdade de "arbítrio" e liberdade de ação, fazendo assim uma distinção entre liberdade de ter "possibilidades opcionais" e liberdade de acatar essas escolhas.

Pode-se argumentar que todos os seres humanos intuem (de maneira certa ou errada) um senso de livre-arbítrio ou de "eu". A psicologia moderna reconhece, até certo ponto, o conflito do livre-arbítrio com a formação do caráter e dos modos de comportamento. Por certo, o determinismo apresenta uma proposição desanimadora. Pense bem. Todas as nossas ações e pensamentos são determinados ao acaso. Há alguma alternativa? Podem as ações e os pensamentos não ser causados? A ciência moderna, de Darwin à mecânica quântica, tem se concentrado na aleatoriedade e na noção de que a medida da nossa influência está na probabilidade de indeterminação das coisas. No entanto, isso não põe por terra os dilemas do determinismo, já que a aleatoriedade pode apenas sugerir a possibilidade de livre-arbítrio e não é uma prova melhor do que a crença na natureza predeterminada de todas as coisas.

Bernard Bolzano (1781-1848) e Franz Exner (1802-1880) foram professores de filosofia e teologia na Universidade de Praga nos anos de 1830 e conduziram um prolongado debate sobre a questão do livre-arbítrio e do determinismo. Bolzano, um padre católico, era um radical que tinha posições fortes sobre uma variedade de assuntos, em particular sobre a imoralidade e futilidade da guerra e do conflito. Bolzano e Exner decidiram que a verdade do determinismo não pode se basear na estatística e na matemática, já que estas dizem respeito à mera probabilidade dos fatos e não aos próprios fatos. Bolzano acabou sendo demitido de sua função de professor porque as autoridades austríacas que pagavam seu salário consideraram subversivas suas ideias radicais. No final dos anos de 1840, no entanto, a Áustria passou por um período de reformas que visavam enfraquecer a hegemonia da Igreja Católica, particularmente nas instituições estatais. Franz Exner participou então da reforma do currículo educacional nas universidades, e uma de suas primeiras propostas defendia o ensino da probabilidade como um meio para os alunos compreenderem e assumirem a responsabilidade e o controle de suas vidas: para exercerem o livre-arbítrio.

A BELEZA ESTÁ NO OLHO DE QUEM VÊ?

A estética é o campo da investigação filosófica que trata da natureza da beleza. O que torna algo bonito? Que misteriosa combinação de elementos e formas define alguma coisa como bela, em contraposição a medíocre, feia ou sem graça? O argumento arbitrário é que a beleza é totalmente subjetiva, uma questão apenas de gosto pessoal. Pelo menos em termos filosóficos, essa linha de raciocínio é uma conclusão falsa, já que não fornece uma definição clara dos fatores que determinam o gosto pessoal e não explica como adquirimos nossa sensibilidade estética.

A estética, assim como praticamente todos os ramos da filosofia ocidental, tem suas raízes na Grécia Antiga, em particular na obra de Platão (c. 428-348 a.C.). A pergunta "o que é beleza?" é feita a Platão em sua obra *Hípias Maior*, que faz parte de seus famosos *Diálogos*. Platão relata uma discussão entre seu professor Sócrates e o sofista Hípias. Sócrates diz a Hípias (um homem vaidoso e arrogante) que tinha sido exposto recentemente no argumento de um antagonista por não oferecer uma definição clara da natureza da beleza, e convida Hípias a proferir sua opinião. Hípias fica lisonjeado pelo grande Sócrates pedir sua ajuda e oferece três exemplos de beleza: uma bela mulher, qualquer objeto feito de ouro ou adornado com esse metal e uma vida longa, próspera e saudável. Sócrates rejeita cada um dos exemplos de Hípias por serem apenas exemplos materiais de beleza superficial, que implicam contradições óbvias, e fez mais uma vez a pergunta: o que é a beleza em si mesma? Isso leva os dois homens a examinar noções conceituais de beleza, como "será beleza o que é conveniente, útil ou benéfico em diferentes circunstâncias?". Mais uma vez Sócrates expõe as falhas em cada exemplo e decide, por fim, que a beleza pode estar relacionada aos sentidos – as visões, os sons e os cheiros que provocam prazer – embora continue cético quanto à precisão dessa definição de beleza.

Embora o diálogo relatado em *Hípias Maior* não chegue a uma conclusão clara a respeito da natureza da beleza, ele sugere que a beleza pode ser alguma coisa em si mesma. Isso leva Platão a ver a beleza como uma de suas formas ideais – uma representação da perfeição divina. Nessa era dourada, a arte grega se concentrou em representações da forma humana como deuses ou heróis míticos, ícones a serem adorados, amados e reverenciados. A sugestão de Sócrates de que a beleza é o que desperta prazer nos sentidos está de acordo com a visão grega antiga de amor como o estado mais elevado de consciência humana.

A correlação entre amor e beleza é explorada em *O Banquete* (ou *Simpósio do Amor*) de Platão – o mais ambicioso de seus diálogos, que acontece num imenso banquete, em que os numerosos participantes analisam proposições filosóficas. A seção de *O Banquete* dedicada à beleza está contida no discurso de Diotima.

Na obra, Sócrates relata o discurso da sacerdotisa e filósofa Diotima, que ele apresenta como uma especialista em amor. Diotima explica como a verdadeira apreciação do erotismo leva do amor pelo corpo belo e atraente de um indivíduo à apreciação da própria beleza. Essa transformação passo a passo é conhecida como a *scala amoris* de Platão, ou "escada do amor". A mais alta forma de amor não pode ser atingida sem que se tenha antes chegado a níveis inferiores da escada: ou seja, sem que se tenha experimentado a atração física. Segundo uma interpretação popular, subir por essa escada metafórica significa que o amante abandona todos os objetos anteriores de sua afeição e ardor à medida que segue em direção à compreensão definitiva da beleza em si mesma.

Tanto Platão quanto Sócrates parecem concordar com uma abordagem subjetiva à beleza: todo o conhecimento e, por extensão, o nosso conhecimento da beleza, é definido por experiências do eu e das percepções sensoriais. Desse ponto de vista, a beleza está no olho de quem vê. Mas, como foi dito antes (e em parte na pergunta "o que é beleza?", que sem dúvida perturbou Sócrates), isso não ajuda muito a determinar exatamente que combinação de fatores define algo como "bonito".

" A melhor parte da beleza é aquela que nenhum retrato consegue expressar. "
– *Sir* Francis Bacon, "Da Beleza" (1612)

David Hume (1711-1776), filósofo e historiador escocês, faz uma análise desse problema no ensaio "Do Padrão do Gosto"

(1757). Nele, Hume trata de julgamentos críticos e da razão pela qual um pronunciamento crítico predomina sobre outro. Uma das maiores questões que toldam o julgamento crítico, segundo Hume, é a incapacidade de distinguir entre questões práticas e expressões de sentimento. Por exemplo, um torcedor entusiástico de um determinado time de futebol assiste a um gol desse time, feito com técnica, equilíbrio e atletismo, e o considera "bonito". Se o adversário fizer um gol de mérito comparável, é improvável que isso provoque a mesma reação. Isso acontece porque o primeiro julgamento é determinado pelo sentimento, sendo portanto tendencioso. Os veredictos baseados no sentimento são privados de qualquer valor de verdade discernível, sendo assim, nas palavras de Hume, "absurdos e ridículos".

Para Hume, as questões de gosto e julgamento crítico são muitas vezes determinadas por pequenas diferenças e oposições, sendo que, no geral, reagimos a qualidades e aspectos mais óbvios. Muitas vezes, exprimimos prazer diante de um pôr do sol: mas, como o sol se põe todos os dias, por que um pôr do sol é mais bonito do que os outros? Para ilustrar esse ponto sobre as margens estreitas do gosto, Hume cita uma história do *Dom Quixote*, de Cervantes (1605). Na história, Sancho Pança fala de dois homens provando o vinho de um barril que, como lhes foi dito, é um dos melhores da Espanha. O primeiro homem prova o vinho com a ponta da língua e concorda que é de boa qualidade, mas que tem um leve toque de ferro. O segundo homem cheira o vinho, concorda que é de boa safra, mas que tem um leve toque de couro em seu buquê. Alguns observadores ridicularizam os dois homens e descartam seu julgamento, acusando-os de fazer falsas críticas. Mas, quando o vinho acaba, uma chave enferrujada e uma tira de couro são encontradas no fundo do barril. Hume usa a história de Cervantes para ilustrar seu argumento de que gosto é uma questão de refinamento e que precisa ser praticado da maneira mais imparcial possível. Para Hume, os julgamentos estéticos não são uma questão de determinar se uma posição é verdadeira e se sua alternativa é falsa, mas de decidir qual posição é a melhor.

Essa avaliação é possível quando se aplica o seguinte critério:

> *Existe um caminho que vai dos olhos ao coração sem passar pelo intelecto.*
> – G. K. Chesterton, *O Réu* (1901), "A Defence of Heraldry"

> *Só um senso forte, unido a um sentimento delicado, aprimorado pela prática, aperfeiçoado pela comparação e despido de todo preconceito, pode dar aos críticos o direito a esse caráter valoroso...*
> – David Hume, "Do Padrão do Gosto" (1757)

Em suma, ao longo das eras a estética demonstrou ser uma área frutífera, ainda que enganosa, da investigação filosófica. Ela tende a lançar mais perguntas do que respostas e, por mais que tentem, nenhum dos grandes pensadores conseguiu se livrar da posição subjetiva de que a beleza, e sua apreciação, é, em sua maior parte, uma questão de percepção pessoal.

É POSSÍVEL EXPERIMENTAR ALGO OBJETIVAMENTE?

Em filosofia, há uma clara distinção entre os termos "objetividade" e "subjetividade". Objeto diz respeito a algo que existe no tempo e no espaço, e sujeito é o ser (em geral, humano) com capacidade de perceber o objeto em sua forma física. Em filosofia, a questão tem se centrado mais em determinar até que ponto a mente humana percebe as coisas como são (objetivamente) ou percebe as coisas como acha que são (subjetivamente). Neste sentido, a objetividade está relacionada a ideias que envolvem verdade e realidade, e a problemas epistemológicos relativos às discrepâncias entre "conhecimento objetivo" e "conhecimento subjetivo".

John Locke (1632-1704) ilustrou a diferença entre percepção subjetiva e realidade objetiva em seu famoso experimento do balde de água. Locke pegou dois baldes de água, um com água gelada e outro com água escaldante. Então, por alguns momentos, deixou a mão direita na água gelada e a esquerda na água quente. Depois, mergulhou ambas as mãos num balde cheio de água morna. Para a mão quente, a água morna parecia fria, enquanto para a mão fria, a água parecia quente. Locke conjecturou que, se uma única mente podia experimentar a mesma realidade "objetiva" de duas maneiras diferentes, seguia-se então que duas mentes independentes podem também perceber a realidade de maneiras diferentes.

Considere o seguinte cenário: dois amigos se encontram para uma caminhada: um está vestindo um casaco pesado de inverno e o outro, uma jaqueta leve de verão. Eles passam na casa de um terceiro amigo. Essa terceira pessoa pergunta aos dois amigos como está o tempo lá fora. Um deles diz que está ameno, o outro diz que o ar está frio. Isso apresenta ao terceiro amigo um dilema, já que ele está diante de dois julgamentos subjetivos diferentes. O terceiro amigo consulta então o termômetro no parapeito da janela, vê que ele está marcando 20 graus e decide que lá fora está quente e agradável, de modo que não precisa de um casaco pesado.

O julgamento do terceiro amigo se baseou numa medição que proporcionou um julgamento objetivo: 20 graus é bem quentinho para a maioria das pessoas. A questão é até que ponto a concordância entre sujeitos que percebem constitui uma verdade objetiva: será que o fato de duas, três, quatro ou mais pessoas perceberem alguma coisa de determinada maneira significa que ela é realmente assim? Locke abordou o problema traçando uma distinção entre as qualidades *primárias* e *secundárias* das coisas.

> " É impossível encontrar uma resposta que, algum dia, não se descubra que estava errada. "
> – Richard Feynman, "A Relação entre Ciência e Religião"
> (De uma palestra no Caltech YMCA Lunch Forum, 2 de maio de 1956)

Locke era um pensador empirista que rejeitava a ideia dos seres humanos nascerem com um conhecimento inato. Para Locke, a mente humana começa como uma lousa em branco, ou *tabula rasa*, que se enche de ideias através das experiências. O conhecimento é adquirido por meio de dois métodos que Locke denominou "sensação" e "reflexão". A sensação se refere aos cinco sentidos humanos e dá origem a conceitos como sons, cheiros, cores, formas e gostos. A reflexão se refere a processos de nosso mundo interior, pensamentos e lembranças, raciocínio e argumento. O exercício de nossas faculdades de sensação e reflexão dá origem à formação de ideias simples. Esses pedacinhos de conhecimento podem então ser expandidos: são combinados, comparados e abstraídos, transformando-se em ideias mais complexas sobre o mundo. Em suma, todas as ideias, sejam elas simples ou complexas, nascem de nossas experiências. Para Locke, ligada à formação de ideias está a noção de qualidades, as quais derivam das sensações. Uma qualidade, segundo Locke, é o aspecto de um objeto externo que cria ideias, na medida em que o percebemos através dos sentidos. Portanto, as ideias existem em nossa mente, enquanto as qualidades existem nos objetos. Locke divide as qualidades em duas categorias. A primeira categoria, *qualidades primárias*, são os aspectos que todos os objetos têm, como tamanho, forma, matéria e movimento. As *qualidades secundárias* são aspectos que, segundo Locke, podem ser adicionados ou removidos de um objeto, como cores, sons, temperaturas e texturas. A distinção fundamental entre as duas categorias é que as qualidades primárias são inseparáveis do objeto em si mesmo, enquanto as qualidades secundárias não são. Por exemplo, você pode cortar uma prancha de madeira pela metade, mas ainda assim ela conservará suas qualidades primárias. No entanto, se despejar um pote de creosoto sobre ela, você mudará sua cor. Locke sugere que, como as qualidades secundárias podem ser adicionadas ou removidas, elas se referem apenas ao sujeito que as percebe.

Há implicações interessantes nessa distinção de Locke entre qualidades primárias e secundárias, em particular com referência aos sentidos humanos. Nosso senso da cor das coisas é produzido por minúsculas partículas de luz que entram nos olhos e estimulam os nervos. Assim, não é a própria cor que atinge os olhos, mas partículas ou fótons que têm as qualidades primárias de tamanho, forma e movimento, mesmo quando estáticos. Isso significa que as qualidades secundárias são, em essência, apenas ideias produzidas pelos sentidos quando eles entram em contato com as partículas (primárias) dos objetos. Por exemplo, quando sementes de coentro são trituradas num pilão, são liberados sabores, cores e aromas. Embora visualmente as sementes tenham sido alteradas, sendo agora um pó fino e não mais sementes sólidas, as qualidades primárias das sementes de coentro permanecem, na essência, as mesmas, tendo em vista que são matéria composta de partículas.

Portanto, as ideias que formamos a partir das qualidades secundárias das coisas não se assemelham às coisas nos próprios objetos. As qualidades primárias existem nos objetos mas, como nossa percepção delas é limitada ao funcionamento dos sentidos, tudo o que temos são impressões do que achamos que vemos, cheiramos, ouvimos, tocamos e provamos, o que não tem correlação direta com as qualidades dos próprios objetos. Para experimentar alguma coisa de modo objetivo, teríamos que poder comparar as coisas como elas realmente são com as ideias que temos delas, e isso é impossível.

O QUE É A ARTE?

É um clichê bem conhecido ouvir pessoas, conscientes do conhecimento que sustenta suas opiniões, dizerem: "Não sei muito sobre arte, mas sei do que gosto". Para fins de argumentação, isso é um beco sem saída, mas remete até certo ponto à visão platônica de beleza (ver *A beleza está no olho de quem vê?*). Segundo Platão, Sócrates define beleza como aquilo que desperta prazer nos sentidos. A arte grega clássica retrata deuses e heróis míticos como objetos e ícones da perfeição, endossando assim essa correlação de arte como beleza e de beleza como arte. Essa visão idealizada de arte é difícil de ser aplicada, por exemplo, às vívidas representações de violência na arte religiosa do período da Renascença. Pinturas como *A Elevação da Cruz* de Rubens, *A Zombaria de Cristo* de Grünewald e *O Sepultamento de Cristo* de Caravaggio retratam a tortura e a execução de Jesus com uma tal intensidade sombria que fica difícil imaginar que sua visão possa provocar prazer sensorial em alguém. Pintadas como peças de altar, têm a intenção de horrorizar e informar o terrível sofrimento de Cristo como mártir. No entanto, os três pintores são reconhecidos como grandes mestres das belas-artes.

Em 1897, o romancista russo Leon Tolstoi escreveu um longo tratado analisando a questão do que exatamente constitui a arte. No início, *O que é a Arte?* foi publicado em inglês porque caiu no desagrado dos censores russos, em particular por causa das opiniões muito polêmicas de Tolstoi. Ele começa atacando a visão clássica de arte como beleza sob o argumento de que todos os julgamentos de beleza são subjetivos. Para afirmar que arte é beleza de um ponto de vista objetivo, seria preciso pressupor que todos veem as coisas da mesma maneira. Se a beleza pode ser encontrada na perfeição do mundo natural, por que a arte é necessária? O ponto principal de Tolstoi é que a visão da arte é ao mesmo tempo objetiva e subjetiva, deixando de responder à questão central do que é a arte.

Para chegar à sua definição de arte, Tolstoi recorre em grande medida à obra do francês Eugène Véron, teórico da arte, em particular ao livro *L'Esthetique* (1879). O argumento de Véron é que, embora boa parte da arte possa ser considerada bela e agradável aos sentidos, a beleza não é a principal característica da arte. Arte é mais do que quadros bonitos e arranjos agradáveis de sons e palavras. Arte é a expressão de emoções e ideias humanas e, além disso, o meio através do qual essas expressões são comunicadas entre as pessoas. Mas, para Tolstoi, não basta que a arte seja uma expressão: a expressão precisa conseguir que o público, as pessoas que veem o quadro ou ouvem a sinfonia, sinta o mesmo que o artista sentiu ao criar a obra. Esse ponto de vista dá a Tolstoi a oportunidade de listar de modo iconoclástico todos os artistas de quem não gosta (Goethe, Beethoven e Shakespeare, entre eles). Tolstoi traça então uma distinção entre a "boa arte", como aquela que transmite com sucesso ideias e emoções poderosas, e a "má arte", que não transmite nada disso, já que é falsa e confusa. É válido afastar a definição de arte da análise estreita que coloca a beleza como pré-requisito. No entanto, é difícil não sentir que Tolstoi esteja dizendo apenas "sei muito sobre arte e sei do que gosto", já que aquilo que uma pessoa considera uma expressão poderosa e emocionalmente cativante pode deixar outra pessoa se sentindo distante e confusa.

Friedrich Nietzsche (1844-1900) tentou desenvolver uma definição de arte em sua análise do teatro grego clássico. Em sua obra *O Nascimento da Tragédia* (1872), Nietzsche sustenta que a vida humana está envolta numa luta inexorável entre dois estados opostos de ser. Nietzsche se inspira nos deuses gregos Apolo e Dionísio para nomear essas duas forças opostas. O impulso *apolíneo* é caracterizado pelo poder visionário dos sonhos que se manifestam de maneira serena, como as esculturas clássicas, o equilíbrio de harmonias em composições musicais ou, para dar um exemplo moderno, o cubismo abstrato de Picasso e Mondrian. Em contrapartida, o impulso *dionisíaco* vai na direção da desordem, da intoxicação (sendo Dionísio o deus grego do vinho) e do frenesi. A arte dionisíaca traz o abandono selvagem, que Nietzsche exemplifica com as indomadas danças populares dos festivais medievais. Pode-se dizer que as *performances* ao vivo do guitarrista do rock Jimi Hendrix ou as criações niilistas do artista Damien Hirst têm elementos dionisíacos. No entanto, para Nietzsche, a verdadeira arte deriva do embate entre as duas forças opostas e ocupa o espaço gerado pela tensão entre elas. Para voltar aos exemplos acima, Jimi Hendrix era um músico muito competente com um domínio impecável das escalas-padrão de *blues* (forças apolíneas), que ele subvertia com alterações incomuns e com a exuberância de seu estilo de tocar (forças dionisíacas). Da mesma forma, Picasso passou anos estudando aspectos técnicos da composição artística antes de embarcar em suas subversões abstratas de forma e perspectiva. Nietzsche argumenta que a serenidade e a beleza da arte clássica pode parecer apolínea na medida em que promove ordem e paz, mas isso deve ser visto como reação à compreensão de forças opressivas mais sombrias que também existem no mundo. Nas palavras dele: "Quanto esse povo [os gregos] deve ter sofrido para alcançar tanta beleza!"

> " A arte é ou plágio ou revolução. "
> – Paul Gauguin (1848-1903), de Huneker,
> *O Pathos da Distância* (1913)

Então, o que é a arte? Na visão socrática, beleza e arte são ligadas porque despertam e provocam os sentidos. Tolstoi rejeita essa visão por ser subjetiva demais, atribuindo à arte a função de expressar emoções e ideias humanas. Nietzsche explora as forças apolíneas e dionisíacas por trás dessas expressões como meio de explorar e avaliar realizações artísticas. O retrato que Rubens faz da crucificação tem elementos de ambas, uma vez que é alternadamente magnífica e horripilante. Talvez Nietzsche chegue mais perto de explicar a mistura de violência e beleza na arte religiosa do Renascimento.

" As coisas estão longe de ser tão compreensíveis ou exprimíveis como geralmente nos querem fazer crer; a maior parte dos acontecimentos é inexprimível e ocorre num espaço em que palavra alguma pisou. Mais inexprimíveis do que qualquer outra coisa são as obras de arte – seres repletos de mistério, cuja vida perdura junto à nossa vida mortal e efêmera. "

– Rainer Maria Rilke, *Cartas a um Jovem Poeta* (1929)

A Fonte de Duchamp

Um dos mais famosos exemplos da arte *avant-garde* é a famosa obra de Marcel Duchamp denominada *Fonte* (1917). A "escultura" consiste num urinol de porcelana comprado numa loja de materiais hidráulicos, obra que Duchamp inscreveu na exposição da Sociedade de Artistas Independentes de Nova York. Muitos acharam que Duchamp apresentou a obra como uma brincadeira e uma crítica da pomposidade do mundo da arte na época. No entanto, a *Fonte* acabou sendo considerada pelos críticos de arte como uma das obras de arte mais influentes do século XX, o que é curioso quando se considera as origens de sua concepção.

Embora muita gente saiba o que é a *Fonte*, quase ninguém a viu de fato. A Sociedade não permitiu que o urinol fizesse parte da exposição, de modo que foi fotografado e provavelmente jogado fora. No início da década de 1920, a *Fonte* de Duchamp provocou muitos debates sobre o que constitui a arte, mas as pessoas viram a fotografia, e não a própria "escultura". Pode-se argumentar que esse é um exemplo perfeito de arte como apenas uma ideia, mesmo que obtusa, e não necessariamente um objeto.

COMO SABEMOS QUE NOSSA EXPERIÊNCIA DE CONSCIÊNCIA É IGUAL À DE OUTRAS PESSOAS?

Em geral, acredita-se que todos os seres humanos são essencialmente iguais por fora. Todos nós vivemos e respiramos, comemos e dormimos e compartilhamos funções biológicas idênticas. Muitos filósofos argumentam que a capacidade humana de pensamento consciente é o principal aspecto de nossa existência que nos separa de outros animais (ver *Os animais têm direitos?*). Todos nós temos uma vida interior – pensamentos, crenças, sentimentos e emoções – e, embora não possamos ter total certeza de que sabemos o que as outras pessoas estão pensando num momento qualquer, temos certeza de que elas têm a capacidade de experimentar a consciência, assim como nós. Mas o que sustenta essa certeza? Como sabemos que os outros experimentam o mundo como nós? Acima de tudo, como sabemos que existem outras mentes? Em filosofia, essa questão é conhecida como "problema de outras mentes" e está ligada à ideia de *solipsismo*.

> *" Minha imaginação me torna humana e faz de mim uma tola: ela me dá o mundo todo e me exila dele. "*
> – Ursula K. Le Guin, *Harper's Magazine* (1990)

O *solipsismo* é a ideia de que a única coisa que realmente existe ou, mais precisamente, a única coisa que podemos saber que existe é a nossa própria mente. John Stuart Mill, filósofo utilitarista inglês, abordou essa questão epistemológica – saber se outras mentes existem – num ensaio publicado em 1865, "Exame da Filosofia de *Sir* William Hamilton". Mill argumenta que é possível determinar a existência de outras mentes além da nossa através de um processo de inferência e analogia. Tomando como ponto de partida a frase de Descartes, "penso, logo existo" (*cogito ergo sum*), Mill admite que o conhecimento que temos da consciência deriva inteiramente da mente de cada um. No entanto, para justificar a crença de que existem outras mentes semelhantes à nossa, temos que traçar paralelos entre o funcionamento da nossa mente e da mente dos outros. Se pudermos reconhecer nos outros certos atributos mentais que correspondam aos nossos, poderemos inferir a existência de outras mentes semelhantes à nossa:

> *Concluo que outros seres humanos têm sentimentos como eu porque, primeiro, têm um corpo como eu, que sei, no meu caso, ser condição antecedente de sentimentos; e porque, segundo, exibem os atos e outros sinais externos, que no meu caso sei por experiência serem causados por sentimentos.*
> – John Stuart Mill, *Obras Reunidas de John Stuart Mill*, Volume IX, "Um Exame da Filosofia de *Sir* William Hamilton" (1865)

Desse modo, extraímos nosso conhecimento de outras mentes, e a justificativa da existência e do funcionamento delas, da analogia com a compreensão do funcionamento da nossa própria mente. O conceito de Mill de inferência análoga teve influência nos círculos filosóficos até meados do século XX, quando foi publicado postumamente *Investigações Filosóficas* de Ludwig Wittgenstein (1889-1951), em 1953. A objeção de Wittgenstein ao argumento de Mill parte da alegação de Mill, no ensaio original, de que suas conclusões estão de acordo com "as regras legítimas da investigação experimental":

> *Se digo de mim mesmo que é apenas a partir do meu próprio caso que sei o que significa a palavra "dor" – não deveria dizer o mesmo a respeito de outras pessoas também? E como poderia generalizar um caso de maneira tão irresponsável?*
> – Ludwig Wittgenstein, *Investigações Filosóficas* (1953)

Para Wittgenstein, Mill não refuta a noção de solipsismo, mas inadvertidamente a endossa. Usando o conceito humano de dor como exemplo, Wittgenstein argumenta que dizer que é possível deduzir que outro ser senciente está sentindo dor porque está se comportando de maneira consistente com minha própria reação à dor é apenas atribuir minha compreensão de dor para o outro. Isso não prova que ele sente dor da mesma maneira que eu ou vice-versa:

> *Sei que outros estão com dor porque exibem um comportamento aprendido que indica dor e que é semelhante ao meu, mas não posso saber se sentem dor numa medida comparável.*
> – Ludwig Wittgenstein, *Investigações Filosóficas* (1953)

Investigações Filosóficas trata, acima de tudo, das confusões em torno do uso da linguagem e do significado. Wittgenstein analisa a suposta diferença entre *linguagem pública*, como a usada num discurso, e a possibilidade de uma *linguagem privada* da mente. Wittgenstein conclui que todas as operações mentais são ligadas à nossa compreensão de linguagem, que é socialmente adquirida. Assim, a linguagem privada não existe: se existisse, não poderia ser traduzida por nenhuma outra pessoa (sob pena de se tornar *linguagem pública*).

Voltando à questão de até que ponto podemos saber se outras pessoas pensam e sentem como nós, Wittgenstein argumenta que isso só é possível através do prisma da linguagem e da aplicação de certos critérios. Wittgenstein usa a metáfora de uma "roda preguiçosa" para descrever a noção de pensamentos que existem independentemente de seu contexto: "essa roda pode girar, mas nada se move com ela". Pense em momentos em que, numa conversa em grupo, alguém diz alguma coisa, expressa um pensamento, que é exatamente o que você estava prestes a dizer. Isso ocorre porque vocês estão envolvidos na *linguagem pública* do discurso. Embora tenham tido o mesmo pensamento simultaneamente, isso não significa que experimentaram juntos a consciência: vocês só entraram na linguagem do discurso no mesmo ponto do tempo.

COMO SABER A DIFERENÇA ENTRE CERTO E ERRADO?

Diferenciar entre certo e errado parece ser simples quando se leva em consideração questões referentes a uma área da filosofia muitas vezes chamada de *possibilidade epistêmica*. Trata-se de uma avaliação de proposições segundo o que sabemos (ou pelo menos *pensamos* que sabemos) que é verdade. Por exemplo, sabemos que precisamos beber água e consumir alimentos para viver porque, se nos privarmos dessas coisas essenciais, podemos morrer. Isso se qualifica como uma *necessidade epistêmica*, algo que é verdade segundo o nosso conhecimento dos fatos da existência. No entanto, observe uma criança pequena pintando uma paisagem e pergunte a ela de que cor vai pintar o céu. Não será surpresa se ela responder "azul", mas pergunte *por que* e é provável que ela diga "porque o céu é azul" e sorria para você com condescendência. A criança está expressando uma *possibilidade epistêmica* – uma crença baseada no que ela pensa que é *certo* e verdadeiro de acordo com os limites do próprio conhecimento e experiência. "Ah", você diz de maneira astuta, "mas de que cor é o céu à noite?" A criança lhe lança um olhar inocente e afirma com clareza que está pintando o céu durante o dia e que se quisesse pintar o céu à noite, ela o pintaria de púrpura e azul. "De preto não?" "Não!", responde a criança irritada e lhe explica, sem rodeios, que o céu nunca é preto, que só parece preto porque não há luz suficiente para estimular nosso sentido da cor. A criança observa que céu preto é uma *impossibilidade epistêmica* e que, portanto, é errado. Se você precisar de mais provas, observe os céus melancólicos das pinturas de El Greco.

O exemplo acima traça linhas claras entre o que acreditamos ser certo ou errado, segundo nosso conhecimento e experiências, e o que pensamos ser certo ou errado, segundo nossa percepção dos fatos disponíveis. Distinguir entre certo e errado é muito mais complexo quando isso envolve questões, ações e julgamentos éticos e morais. A *deontologia* é uma área da filosofia que estuda como os indivíduos devem se comportar segundo uma série de regras e princípios obrigatórios. O que, numa dada situação, é o curso certo a tomar? A *deontologia religiosa* consiste numa série de mandamentos divinos derivados de textos sacrossantos e outras fontes, que são interpretados como a palavra de Deus, como os Dez Mandamentos do Antigo Testamento da Bíblia. A palavra *deontologia* vem da palavra do grego antigo *deon*, que significa dever ou obrigação. A *deontologia religiosa* requer que os indivíduos se submetam a leis e princípios religiosos, como "não matarás". A *deontologia secular* (não religiosa) é mais notavelmente representada pelos trabalhos do filósofo alemão do Iluminismo Immanuel Kant (1724-1804).

Contrastando com as teorias deontológicas religiosas, as regras (ou máximas) da teoria deontológica de Kant são baseadas na capacidade humana de raciocinar. As teorias de Kant partem também de outros sistemas deontológicos seculares, como o *utilitarismo* e o *consequentalismo*, na medida em que questionam a validade de julgar o valor moral de uma ação de acordo com seus resultados. Utilitaristas como o fundador da doutrina, o inglês Jeremy Bentham (que publicou, em 1789, *Uma Introdução aos Princípios da Moral e da Legislação*) e John Stuart Mill (que desenvolveu, em 1863, a teoria em *Utilitarismo*) acreditam que a felicidade é o ideal supremo, o bem absoluto, e que o valor moral de uma ação pode ser medido por sua contribuição à maximização da felicidade e do prazer para um número maior de pessoas. O consequentalismo, uma variante do utilitarismo, afirma que a consequência final ou fim supremo de uma ação determina sua validade moral, independentemente de a ação em si mesma ser boa ou má. Ou, em termos mais simples, o fim justifica os meios.

A deontologia de Kant refuta a visão que recorre a consequências e resultados para julgar se uma ação é certa ou errada. Para Kant, algumas ações são sempre erradas a despeito do resultado final (uma ação errada pode muito bem ter um resultado positivo, contradizendo assim o processo racional). Kant acreditava que os seres humanos, ao contrário dos animais, têm a capacidade única de pensar de maneira racional e é precisamente essa capacidade que nos compele a agir segundo leis e códigos morais. As emoções e os desejos humanos não fornecem uma base racional para escolher entre certo e errado, enquanto a moralidade, se derivada da razão pura, se ergue de maneira autônoma como estrutura para guiar os julgamentos. Kant se refere a esse código moral como *imperativo categórico*; ou seja, a expressão da vontade humana que deve ser, por natureza, boa e justa, livre de forças, influências e fatores externos.

A primeira formulação

> *Age apenas segundo uma máxima tal que possas ao mesmo tempo querer que ela se torne uma lei universal.*
>
> – Immanuel Kant, *Fundamentos da Metafísica dos Costumes* (1785)

O imperativo categórico consiste em três formulações. A primeira formulação afirma que as escolhas morais se encaixam em duas categorias: deveres perfeitos e imperfeitos. Deveres perfeitos são leis universais que podem ser aplicadas a qualquer ser humano racional e que não podem ser determinadas por condições e contextos externos. Deveres imperfeitos repousam sobre circunstâncias, sendo assim abertos a interpretações e discussões. (Ver *O Dilema do Assassino do Machado*.) Os deveres imperfeitos não são constantes, sendo mais coisa de momento. Na superfície, o primeiro imperativo categórico parece ser muito semelhante à Regra de Ouro ou Ética da Reciprocidade: "não faça aos outros o que não gostaria que fizessem a você". No entanto, a Regra de Ouro exige contexto para ser testada e, assim, não pode ser considerada universal. Por exemplo: não bata em outra pessoa se não quer que ela bata em você. Mas e se você estiver revidando uma agressão que sofreu?

A segunda formulação

> *Age de tal modo que possas sempre tratar a humanidade, seja em tua pessoa, seja na pessoa do próximo, nunca como um simples meio para um fim, mas sempre ao mesmo tempo como um fim.*
> – Ibidem

O segundo imperativo diz que qualquer escolha de ação, para ser moral, tem que ser considerada ela mesma um fim. A vontade humana, se realmente autônoma, deve reconhecer as ações e os deveres dos outros. Usar as pessoas como um meio para um fim, por mais que o possível resultado possa valer a pena, é negar a elas o próprio recurso de livre-arbítrio e ação. Assim, é importante perseguir um resultado que seja igual e justo para todos, e não apenas um objetivo pessoal de curto prazo.

A terceira formulação

> *Portanto, todo ser racional deve agir como se fosse sempre, por suas máximas, um membro legislador no reino universal dos fins.*
> – Ibidem

O terceiro imperativo diz que as expressões da vontade humana devem ser sempre vistas como leis que todos devem aceitar porque, se não forem universais, elas promovem instabilidade e contradições. Isso fica aparente na lei moral que diz que é errado mentir, independentemente das circunstâncias, porque mentir desestabiliza a verdade e a confiança, e se todos mentissem, ninguém confiaria em mais ninguém. Um exemplo dessa lei de fins universais é a parábola da visita a um amigo ou parente doente. A caminho da casa do seu amigo, você atravessa um parque e se depara com belas flores silvestres. Você sabe que seu amigo adora flores, mas, se todo mundo colhesse as flores do parque, não sobraria nenhuma para o deleite de outras pessoas no futuro. Assim, embora o motivo para colher as flores seja a gentileza e a consideração, é moralmente errado fazer isso.

> " O bem e o mal, recompensa e punição,
> são os únicos motivos para uma criatura racional. "
> – John Locke, *Pensamentos Acerca da Educação* (1693)

Quando se trata de aplicar a deontologia de Kant à questão de determinar certo e errado, o principal problema é a recusa a aceitar o resultado como razão legítima. Embora determinar o valor moral de uma ação de acordo com seus resultados tenha suas falhas (ver *O que é felicidade?*), negá-los por completo parece contradizer o senso comum.

O Dilema do Assassino do Machado

Um dos mais famosos testes da filosofia moral de Kant é o exemplo do louco com o machado. Tarde da noite, batem à sua porta. Você abre e se vê diante de um homem exigindo saber o paradeiro de um amigo seu. Você sabe exatamente onde está o seu amigo (escondido debaixo da cama no andar de cima). Você conta para o psicopata com o machado onde seu amigo está escondido ou mente e o manda procurar em outro lugar? A maioria das pessoas acataria sem hesitar a segunda opção e mentiria. Mas não Kant: ele argumentaria que mentir estaria em contradição com o imperativo categórico de sempre dizer a verdade, a despeito do resultado. Embora, depois de retalhar seu amigo, o assassino faça o mesmo com você, pelo menos você morre sabendo que é moralmente puro e correto. Mas, se você mentir e sua mentira não tiver o resultado esperado, então será moralmente responsável pelo assassinato que se seguir, já que quebrou o imperativo categórico de, antes de tudo, não mentir.

O imperativo categórico e a Segunda Guerra Mundial

O dilema relativo a certo e errado e ao imperativo categórico de Kant desempenhou um papel na Alemanha durante a Segunda Guerra Mundial. O ativista antinazista e combatente da resistência Dietrich Bonhoeffer era um eminente estudioso de teologia. Oponente declarado do Terceiro Reich, Bonhoeffer foi preso e executado por participar de várias conspirações para matar Adolf Hitler.

Os trabalhos de Bonhoeffer que sobreviveram, em particular suas cartas e sermões, revelam um homem que lutava com a questão moral: é aceitável matar uma pessoa para salvar a vida de milhões ou o ato de matar é, em si mesmo, moralmente errado? Bonhoeffer pode ter decidido que, em circunstâncias tão extremas, tal ato seria permissível. Mas não sem reservas, como ilustra o seguinte trecho de sua obra inacabada sobre moralidade e ética:

> *Quando um homem toma sobre si a culpa na responsabilidade, ele imputa sua culpa a si mesmo e a ninguém mais. Ele responde por ela... Diante de outros homens, ele está justificado pela terrível necessidade; diante de si mesmo, ele é absolvido pela própria consciência, mas, diante de Deus, espera apenas a graça.*

O imperativo categórico de Kant tornou-se também um ponto de discussão durante o julgamento do administrador do Holocausto, Adolf Eichmann. A defesa que Eichmann usou contra as múltiplas acusações de crimes contra a humanidade foi que estava seguindo ordens, não sendo pessoalmente responsável por emiti-las, mas apenas por executá-las. Ao longo do julgamento, Eichmann recorreu a várias táticas para justificar sua posição, sendo que uma delas foi evocar o imperativo categórico de Kant e levar a acusação para um debate filosófico sobre responsabilidade moral. Eichmann alegou ser um ávido seguidor da visão de moralidade universal de Kant, sendo, no entanto, impedido de agir com pureza moral devido a forças superiores que restringiram sua capacidade de livre-arbítrio. A acusação se recusou a aceitar essa pretensiosa distorção da deontologia de Kant e Eichmann foi considerado culpado e executado em Jerusalém, em 1962.

Immanuel Kant (1724-1804)

Immanuel Kant nasceu em 1724 na Prússia, na cidade de Königsberg (agora parte da Rússia). Ávido estudioso com sede insaciável de conhecimento, Kant passou praticamente a vida inteira na sua cidade natal, estudando e ensinando na universidade. Mais conhecido por seu trabalho no campo da filosofia moral e da ética, Kant foi também um cientista muito capacitado, que fez várias descobertas importantes em matemática, astrofísica e ciências naturais. Embora Kant ministrasse palestras sobre antropologia, foi só recentemente que seu trabalho nesse campo se tornou conhecido. Em 1997, as palestras de Kant sobre antropologia foram publicadas pela primeira vez na Alemanha, quase dois séculos depois de sua morte.

Como aconteceu também com muitos de seus contemporâneos, os trabalhos publicados de Kant sobre a natureza da realidade e do livre-arbítrio foram amplamente criticados e contestados durante a sua vida. No entanto, tiveram uma influência profunda no desenvolvimento do pensamento ocidental. As obras mais notáveis de Kant sobre moralidade e ética são *Fundamentos da Metafísica dos Costumes* (1785), *Crítica da Razão Prática* (1788) e *Metafísica dos Costumes* (1798).

O QUE É MÁ-FÉ?

O existencialismo é um movimento filosófico que se tornou proeminente na França do pós-guerra e está intimamente associado à obra de Jean-Paul Sartre (1905-1980) e de Albert Camus (1913-1960). A doutrina central do existencialismo põe em primeiro plano a singularidade e o isolamento da experiência humana individual. Nossa experiência pessoal vivida, nossa própria existência, é o que nos define como indivíduos. Sartre faz uma clara distinção entre existência por um lado e essência por outro, dando prioridade à primeira. O existencialismo põe uma ênfase considerável na responsabilidade e na liberdade de escolha individual. Essa liberdade implica considerar as consequências das próprias ações e seu impacto sobre o desenvolvimento de nossa personalidade e senso de eu. Como um indivíduo age é uma característica definidora de sua existência. Por exemplo, quem escolhe cometer atos brutais e maldosos está se posicionando como uma pessoa brutal e maldosa, e deve assumir a responsabilidade por suas ações. Se, por outro lado, escolhe agir com gentileza e atenção, está se posicionando como uma pessoa gentil e atenciosa. Ninguém é intrinsecamente bom ou mau: cada um se define por meio de sua escolha pessoal de agir.

Jean-Paul Sartre começou a se interessar por filosofia depois de ler o ensaio de Henri Bergson "Tempo e Livre-arbítrio", que faz parte da tese de doutorado de Bergson, publicada pela primeira vez em 1889. Sartre estudou filosofia em sua Paris natal, na École Normale Supérieure, e se interessou, em particular, pelas ideias do filósofo dinamarquês Søren Kierkegaard (1813-1855) e dos alemães Edmund Husserl (1859-1938) e Martin Heidegger (1889-1976). Em 1929, Sartre conheceu Simone de Beauvoir, uma aluna da Sorbonne, e os dois se tornaram companheiros para toda a vida. Embora ambos viessem de famílias "burguesas", Sartre e Beauvoir tinham fortes convicções políticas como se pode ver em seus escritos sobre a natureza da sociedade e o lugar do indivíduo.

A chave para a filosofia de Sartre é a tensão e o conflito entre as forças opressivas da conformidade que tenta encaixar os indivíduos em grupos sociais e a autenticidade, que Sartre via como essencial à autodeterminação. Para atingir uma existência autêntica, o indivíduo tem que aceitar a responsabilidade por todas as ações que escolhe livremente. Essa total liberdade de escolha não está livre dos perigos e Sartre reconhece que o peso de fazer a escolha certa a cada situação pode dar origem a um estado de angústia existencial. Ao fazer escolhas falsas – decisões de vida baseadas em ideologias impostas e normas objetivas – os seres humanos têm uma existência não autêntica e personificam o que Sartre chama de *má-fé*. No existencialismo, o conceito de má-fé reflete a ideia marxista de falsa consciência, ou seja, os processos – materiais, institucionais e ideológicos – por meio dos quais as sociedades capitalistas controlam e manipulam o proletariado. A má-fé de Sartre se refere de modo mais explícito à escolha individual. Para

Sartre, a ideologia age quase que exclusivamente como uma mistificação da capacidade individual de livre pensamento, diminuindo assim a oportunidade de uma ação autônoma e significativa.

Viver em má-fé é negar que somos livres e responsáveis pelo que somos e fazemos, o que é determinado pela própria natureza da existência. A má-fé é a negação do livre-arbítrio sob a alegação de que somos, como tudo o mais no universo, causalmente determinados, não tendo assim uma verdadeira liberdade, já que somos meras vítimas das circunstâncias. Para viver uma existência autêntica, Sartre sugere que o indivíduo seja fiel às próprias crenças e ideias. Isso envolve atribuir sentido às nossas escolhas e ações e desafiar a imposição externa de sentido. O valor da vida é medido apenas pelas crenças que cada indivíduo escolhe aplicar. Argumentar que somos vítimas de um destino predeterminado e sujeitos a forças sobre as quais não temos controle – como classe, raça, gênero e religião – é viver de acordo com a má-fé.

> " O homem primeiramente existe, se descobre, surge no mundo – e só depois se define. "
> – Jean-Paul Sartre, "O Existencialismo é um Humanismo" (1946)

Sartre tratou pela primeira vez da má-fé no livro O *Ser e o Nada*, de 1943. Sartre tinha lido *Ser e Tempo* (1927), de Martin Heidegger, enquanto era prisioneiro de guerra, e as ideias de Heidegger sobre o "nada" (ver também *Por que existe afinal o ser em vez do nada?*) passam a ser uma nítida influência sobre o seu pensamento. Sartre pega emprestado de Heidegger o termo "facticidade" para descrever os fatos evidentes da existência de um indivíduo e os fatos que constituiriam sua identidade (nascimento, gênero, religião, localização geográfica, inevitabilidade da morte), sugerindo que esses elementos são obstruções à verdadeira liberdade, responsabilidade e autenticidade. Por exemplo, se uma pessoa nasce na Alemanha, é muito provável que cresça falando alemão. Se, no entanto, ela vai viver na França e escolhe falar exclusivamente o francês pelo resto da vida, estará negando a facticidade de sua primeira língua. Esse é um exemplo do que Sartre denomina "negação" e é por meio da negação (através da aceitação do nada) que o indivíduo consegue superar a adversidade de sua facticidade. Pela negação, ou contemplação consciente do nada na experiência vivida todos os dias, podemos transformar a facticidade em "nada" e atribuir nosso próprio significado às nossas ações.

"Não se Prende Voltaire"

Nos anos 1960 e 1970, a ênfase na negação e na rejeição ao conformismo da filosofia de Sartre forneceu sustentação intelectual e filosófica ao movimento da contracultura na França. Ao lado da produção acadêmica e literária, Sartre foi um ativista político durante toda a sua vida. Marxista leal (embora nunca tenha entrado para o Partido Comunista), Sartre se manifestou contra o governo colonial francês na Argélia, se opôs com veemência à Guerra do Vietnã e visitou Fidel Castro e Che Guevara em Cuba. Foi também uma figura proeminente para o movimento estudantil de Paris no final dos anos 1960, tendo sido preso durante as manifestações de maio de 1968 por desobediência civil. O presidente Charles de Gaulle interveio e concedeu a Sartre o perdão, alegando que "não se prende Voltaire".

O COPO ESTÁ MEIO CHEIO OU MEIO VAZIO?

Esse dilema clássico é um sustentáculo da psicologia popular e de livros de autoajuda. As prateleiras das livrarias estão cheias de títulos como *How to Be a Success in Business* [Como Ser um Sucesso nos Negócios] ou 25 *Paths to Follow to Reach Your Ideal Life Destination* [25 Caminhos a Seguir para Alcançar seu Destino Ideal na Vida] – e quase todos eles discutem em algum momento o conceito de "visualização positiva". A questão "o copo está meio cheio ou meio vazio?" é central para a visualização positiva e se baseia na seguinte premissa: quem acha que o copo metafórico está meio vazio é, por inclinação natural, um pessimista, enquanto quem acha que o copo está meio cheio tem uma visão de mundo mais otimista.

Não é difícil imaginar Sócrates reunindo seus pupilos sob as colunatas na praça do mercado da antiga Atenas e exortando-os a discutir se seu jarro de vinho estava meio cheio ou meio vazio. No entanto, a elaboração da questão é relativamente moderna.

Mesmo assim, as implicações de se adotar uma filosofia otimista ou pessimista a respeito da sociedade e da vida humana têm sido analisadas e discutidas por filósofos ao longo da história.

O estoicismo na Grécia Antiga e na Roma Antiga

Muitos filósofos têm explorado as ligações entre a felicidade e a realização de necessidades e desejos humanos. O *estoicismo*, uma vertente da filosofia grega antiga (e depois romana), adota uma abordagem interessante à felicidade que, à primeira vista, parece refletir o ponto de vista "meio vazio", mas que, sob uma inspeção mais cuidadosa, é mais profundo e mais complexo do que apenas supor o pior.

A escola de filosofia conhecida como estoicismo foi fundada em 300 a.C. por Zenão de Cítio, que lecionava nas ruas de Atenas. As ideias de Zenão ganharam grande popularidade depois de serem adotadas por eminentes escritores, filósofos e estudiosos romanos, como Sêneca o Jovem, Epíteto e o imperador Marco Aurélio, filósofo e guerreiro. O princípio básico da filosofia estoica é adotar virtudes que estejam em harmonia com a ordem natural das coisas: como o princípio cósmico que os gregos denominavam *logos*. Cada um de nós enfrenta emoções e elementos destrutivos, sejam externos ou autogerados, sobre os quais não temos influência ou controle direto. Os estoicos diziam que é preciso desenvolver um estado de tranquilidade e calma. Esse estado de harmonia com o universo, que os estoicos descrevem como "pura virtude", pode ser atingido quando se examina de perto os fatores negativos externos a nós mesmos e se adota uma perspectiva do copo meio vazio.

> *Seja como um promontório rochoso, contra o qual as ondas inquietas quebram e voltam a quebrar; resiste até que o mar agitado ceda e descanse a seus pés. Eu o ouço dizer: "Que falta de sorte isso acontecer comigo!". De modo algum! Em vez disso, diga: "Que sorte eu não ter ficado abalado pelo que aconteceu e por não ter medo do que está para acontecer. O mesmo golpe poderia ter atingido qualquer um, mas poucos o teriam absorvido sem capitulação ou queixas.*
> – Marco Aurélio, *Meditações* (c. 170-180)

Vizinhos barulhentos

Situações negativas, externas a nós mesmos, provocam raiva, inveja, ansiedade e dor, ou assim acreditamos. Tome por exemplo os vizinhos barulhentos que se mudaram recentemente para a casa ao lado. O barulho das festas nos fins de semana, os sacos de lixo espalhados pela calçada, a aparente indiferença ou falta de consideração pelas outras pessoas, tudo isso está causando extremo dissabor e irritação. Não é de espantar que você se sinta zangado, abusado e oprimido. No entanto, diriam os estoicos, será que as causas dessas emoções negativas provocadas internamente são mesmo negativas em si mesmas? O som de jovens se divertindo não deveria ser motivo de raiva e nem o fato de os novos vizinhos não agirem de acordo com seus padrões exigentes de limpeza. E a interpretação de que o comportamento deles é evidência de falta de consideração e compaixão pelos outros é bastante arrogante – e falsamente virtuosa.

A respeito dos vizinhos barulhentos, os estoicos argumentariam que nada que seja externo à nossa mente pode ser definido como positivo ou negativo: o que causa dissabor são as convicções e opiniões que temos de uma situação além do nosso controle direto. Poderíamos requerer das autoridades locais uma ordem judicial por comportamento antissocial ou, para levar a questão ao extremo, confrontar os vizinhos com ameaças de violência física. Para os estoicos, essas ações seriam desastrosas, já que nos afastariam ainda mais de um estado de tranquilidade dentro da ordem natural do universo e nos causariam uma perturbação mental e emocional ainda maior.

Otimismo filosófico *versus* pessimismo filosófico

Enquanto os estoicos adotavam uma visão individual da questão relativa ao copo meio cheio ou meio vazio, dois notáveis filósofos alemães adotavam uma perspectiva mais universal, examinando a totalidade da natureza do mundo à nossa volta. O principal proponente do otimismo filosófico foi o polímata alemão do século XVII, Gottfried Wilhelm Leibniz (1646-1716). Leibniz redigiu trabalhos importantes sobre uma ampla variedade de assuntos, da matemática, física e lógica à política e filosofia, sendo que sua contribuição mais notável seja talvez o desenvolvimento (juntamente com *Sir* Isaac Newton) do cálculo infinitesimal na análise matemática.

A principal obra filosófica de Leibniz é *Teodiceia* (1710), uma longa e bem fundamentada avaliação do problema de como um Deus bom poderia criar um mundo ruim cheio de maldade e sofrimento. Leibniz conclui que, quando todos os elementos possíveis são levados em consideração, o mundo como Deus o criou é o melhor que Ele poderia ter criado porque, quando aceitamos como premissa básica que Deus é onipotente (que tudo pode) e onibenevolente (infinitamente bom), então não se pode concluir que um tal Deus possa produzir algo deliberadamente mau. Leibniz argumenta que as imperfeições do mundo fazem parte de seu desígnio geral e são uma manifestação de sua beleza perene. Para isso, recorre à música, dizendo que a mais bela música é criada através da dissonância dos elementos combinados num todo coerente. Assim, segundo Leibniz, "vivemos no melhor dos mundos possíveis".

> " Um otimista é uma pessoa que vê uma luz verde em todos os lugares, enquanto um pessimista vê apenas o semáforo vermelho... O verdadeiro sábio é daltônico. "
> – Albert Schweitzer (1875-1965)

O pessimismo filosófico, por sua vez, foi delineado por Arthur Schopenhauer (1788-1860), mais especificamente na obra *O Mundo como Vontade e Representação* (1818). No mundo de Schopenhauer, o copo está praticamente vazio, já que ele parte do princípio de que os seres humanos nascem para sofrer. O sofrimento ocorre devido a uma inquietação sempre presente na consciência humana, provocada por constantes necessidades e desejos, por razões de sobrevivência, fuga do desconforto e alívio do tédio.

Schopenhauer define essa busca interior e a inquietação que a acompanha como "vontade de viver", que é interminável. A necessidade de alimento, abrigo e segurança com relação a elementos malignos, a sexualidade e a necessidade de procriar são todas manifestações dessa *vontade*, sendo a razão um mero processo de justificar nossas necessidades e desejos básicos. Ao traçar comparações entre a vida humana e a vida animal no mundo natural, Schopenhauer afirma que o ciclo reprodutivo é um processo sem sentido, fadado a continuar indefinidamente (sofrimento eterno através da vontade de viver) ou a chegar a um fim pela extinção devido à falta de recursos sustentáveis que tornem possível a continuação da vida. Assim, a vida humana tem duas escolhas: continuar interminavelmente seu ciclo de sofrimento ou enfrentar a extinção.

O café da manhã de Schopenhauer

Schopenhauer manteve, ao longo da vida profissional, uma rivalidade implacável com outro grande filósofo alemão do início do século XIX, Georg Friedrich Hegel (1770-1831). Essa rivalidade começou com uma divergência intelectual a respeito do conceito hegeliano de *zeitgeist* – o "espírito do tempo", a consciência coletiva que impulsiona o movimento e o *momentum* na sociedade –, mas logo se transformou numa discussão com abuso verbal e insultos. Em 1819, Schopenhauer aceitou sua primeira e única cadeira acadêmica na Universidade de Berlim só porque Hegel também lecionava lá. Numa tentativa infantil de provocar uma competição de popularidade, Schopenhauer programava de propósito suas palestras para que coincidissem com as de Hegel. Mas seu plano não deu certo, já que Hegel mostrou ser bem mais popular entre a perspicaz *intelligentsia* universitária. Schopenhauer deixou a universidade menos de um ano depois de ocupar o cargo.

Tomado pela amargura e por um complexo de perseguição, acreditando que o sistema acadêmico alemão estava suprimindo deliberadamente seus trabalhos, Schopenhauer se afastou da vida pública e passou seus vinte últimos anos sozinho com seus *poodles* em Frankfurt. Os ensaios e notas que produziu durante esses últimos anos foram publicados depois de sua morte e são caracterizados por uma melancolia niilista que teria grande influência sobre a filosofia de Friedrich Nietzsche. Num ensaio memorável sobre a natureza do envelhecimento, que faz parte da coleção póstuma *Senilia*, Schopenhauer recomenda a todos que engulam um sapo vivo no café da manhã para garantir que não haverá uma experiência mais desagradável no decorrer do dia.

O QUE É FELICIDADE?

A literatura filosófica sobre a felicidade pode ser dividida em duas vertentes. Por um lado, temos a visão hedonista de felicidade como busca de prazer pessoal, ou a promoção de prazer como um bem intrínseco em oposição à tristeza e dor. A outra visão filosófica de felicidade se refere a noções de virtude e ética pessoal e, de maneira mais prática, à questão de como viver uma vida feliz.

A abordagem hedonista à felicidade foi postulada pela primeira vez por Aristipo de Cirene (435-356 a.C.), um discípulo de Sócrates. Aristipo, assim como outros filósofos gregos, procurou definir onde se encontra o valor de realização nas ações e pensamentos humanos. No que diz respeito à felicidade, o prazer dos sentidos é soberano para Aristipo, sendo visto como um fim em si mesmo e não como um meio para um fim. Aristipo ensinava que não se deve adiar prazeres disponíveis no presente como meio para atingir algum ideal futuro planejado e que os prazeres devem ser sempre usufruídos como e quando as oportunidades se apresentam. Diógenes Laércio, historiador, hagiógrafo e autor da coletânea de hagiografias *Vidas e Doutrinas dos Filósofos Ilustres*, escrita no século III d.C., descreve Aristipo como um homem impulsionado pelos seus desejos e que a eles se entregava em toda situação possível. No entanto, Horácio, poeta lírico romano, não vê a filosofia de Aristipo como um simples e despreocupado processo de entregar-se ao hedonismo, e sim como um esforço para adaptar as circunstâncias aos nossos próprios fins, em oposição à obrigação de nos adaptarmos às circunstâncias. A análise da felicidade que tem como centro o prazer foi desenvolvida mais tarde pelo filósofo Epicuro (341-271 a.C.) que, embora seja muitas vezes considerado um hedonista, pregava uma abordagem mais ética e moderada (ver *Nada é suficiente para quem o suficiente é pouco?*).

A segunda vertente do estudo da felicidade diz respeito a como viver uma vida feliz e suas relações com noções de bem-estar e satisfação, em oposição a momentos fugazes de prazer e alegria. Invariavelmente, o problema aqui é até que ponto a busca de bem-estar pessoal afeta as virtudes pessoais. Aristóteles foi um dos primeiros filósofos a abordar e analisar a ética da felicidade.

Aristóteles (384-322 a.C.) continua sendo uma figura excepcional na história do pensamento humano. Ele fez contribuições valiosas a uma incrível variedade de disciplinas, como física, metafísica, poesia, teatro, música, lógica, retórica, linguística, ciência política e governo, ética, biologia e zoologia (seu método de categorizar as espécies é usado até hoje). A principal contribuição de Aristóteles ao campo da filosofia foi na área da lógica formal e do raciocínio dedutivo. As formulações de silogismos, ou argumento em três estágios, é central na metodologia de Aristóteles. Para resumir, um silogismo consiste em duas premissas seguidas por uma proposição. Para que a proposição seja viável, as duas premissas precedentes devem ser válidas e verdadeiras. Um exemplo famoso de Aristóteles é o seguinte:

> *Todos os homens são mortais.*
> *Sócrates é um homem.*
> *Logo, Sócrates é mortal.* *

Os escritos de Aristóteles sobre felicidade foram compilados numa série de rolos de pergaminhos transcritos de seus ensinamentos e palestras no Liceu, uma academia de artes e ciências que ele fundou em Atenas. O conjunto de pergaminhos – originalmente dez livros separados –, conhecido hoje como *Ética a Nicômaco* (350 a.C.), aborda a questão do que constitui uma vida boa e virtuosa. Aristóteles equipara o conceito de felicidade à palavra grega *eudaimonia*, embora essa não seja a felicidade num sentido abstrato ou hedonista, mas exatamente "excelência" e "bem-estar". Assim, viver bem é buscar fazer o bem, ou o melhor que se possa, pois toda atividade humana tem um resultado ou causa, o bem que busca alcançar. Se os seres humanos empenham-se em ser felizes, o bem maior deve ser a busca de todas as ações, não como um meio para um fim, mas como um fim em si mesmo.

" Felicidade é quando o que você pensa, o que você diz e o que você faz estão em harmonia. "
– Mahatma Gandhi (1869-1948)

---

* Da obra *Organon*, de Aristóteles. (N.E.)

Aristóteles via a busca da felicidade como "sendo a realização e a prática perfeita da virtude", que a pessoa pode alcançar aplicando a razão e o intelecto no controle de seus desejos. A satisfação dos desejos e a aquisição de bens materiais são menos importantes do que a conquista da virtude. Uma pessoa feliz aplicará a conformidade e a moderação para atingir um equilíbrio natural, e apropriado, entre a razão e o desejo. A virtude em si deve ser por sua própria recompensa, já que a verdadeira felicidade só pode ser alcançada pelo cultivo das virtudes que tornam uma vida humana completa. Aristóteles também destacou que o exercício da virtude perfeita deve ser consistente ao longo da vida de uma pessoa: "Ser feliz exige uma vida inteira; pois uma andorinha só não faz verão".

A *Ética a Nicômaco* de Aristóteles teve uma influência profunda sobre o desenvolvimento da teologia cristã na Idade Média. Santo Agostinho de Hipona estudou Aristóteles e admirava seus trabalhos, e Santo Tomás de Aquino produziu diversos estudos importantes sobre o pensamento de Aristóteles, especialmente na tentativa de sintetizar a noção aristotélica de pura virtude com as doutrinas católicas a respeito das virtudes cardeais. As obras de Aristóteles foram também reverenciadas na filosofa islâmica antiga, na qual Aristóteles é muitas vezes chamado de "O Primeiro Professor".

> *Uma vida não questionada não vale a pena ser vivida.*
> – Sócrates (c. 469-399 a.C.)

O QUE É LIBERDADE?

Os debates sobre a natureza de conceitos como liberdade são centrais para a filosofia política e para o desenvolvimento de ideologias e sistemas políticos. A *República* de Platão (c. 380 a.C.) é considerada uma das primeiras obras dedicadas à análise de como os sistemas políticos funcionam e à avaliação das ideias de justiça, liberdade e verdade na sociedade humana. Nas sociedades ocidentais modernas, sustenta-se em geral que a democracia liberal, "governo do povo pelo povo e para o povo", é o sistema político mais desejável e defensável. Os princípios centrais da democracia são liberdade e igualdade. A democracia proporciona liberdade para as pessoas se autogovernarem em nome dos próprios interesses coletivos, seja de maneira direta ou por meio de representantes nomeados ou eleitos.

Na *República*, Platão confronta dois elementos essenciais da democracia praticada na Grécia Antiga, liberdade e igualdade, para avaliar a democracia como modelo político viável. Embora Platão considere a liberdade em sua essência como um valor puro e verdadeiro, há perigos inerentes quando ela é concedida como direito a fazer o que se bem entende, sem a restrição da responsabilidade ou da orientação. Platão sugere que essa abordagem vale-tudo estimula a instabilidade e a confusão no melhor dos casos e a total anarquia e falta de lei no pior. Voltando a atenção para a igualdade, Platão observa que a verdadeira igualdade está ligada à igualdade de oportunidades e ao princípio de que todos têm o mesmo direito e igual capacidade de governar. Mas há um perigo: esse padrão de igualdade pode incentivar pessoas motivadas por sede de poder, influência e ganho pessoal em detrimento do bem comum. Uma democracia em pleno funcionamento deve estar atenta aos perigos de influências malignas por parte de demagogos e ditadores, exigindo líderes com valores elevados.

Platão sugere que os filósofos estão em situação ideal para liderar as pessoas, já que são capazes de equilibrar, de maneira ideal, as influências e desejos conflitantes dentro da sociedade como um todo. No entanto, ao lhes conceder poder executivo contra os excessos da tirania, a liberdade pessoal e individual fica restrita. Por conseguinte, isso levanta uma questão paradoxal a respeito da definição de liberdade: até que ponto somos livres de controles externos que nos impedem de fazer o que queremos e até que ponto temos controles internos para comandar nosso próprio destino?

Segundo o filósofo Isaiah Berlin (1909-1997), há dois tipos de liberdade: a liberdade positiva e a liberdade negativa. A liberdade negativa se caracteriza pelo fato de ser *livre das forças* que impedem os indivíduos de agirem de acordo com seus desejos e envolve a ausência de obstáculos externos à liberdade. A liberdade positiva, por outro lado, é caracterizada pela *capacidade* de ser livre e envolve a presença de fatores como autocontrole e autodomínio na busca pela liberdade individual. Berlin postulou duas perguntas básicas para elucidar a distinção entre esses dois conceitos:

> *Qual é a área em que o sujeito – uma pessoa ou grupo de pessoas – pode ou deveria poder fazer ou ser o que é capaz de fazer ou ser, sem a interferência de outras pessoas? (Liberdade negativa.)*
>
> *O que, ou quem, é a fonte de controle ou de interferência que pode determinar que alguém faça, ou seja, isso e não aquilo? (Liberdade positiva.)*
> – Isaiah Berlin, *Dois Conceitos de Liberdade* (1958)

A diferença entre liberdade positiva e liberdade negativa pode ser estabelecida quando se leva em consideração um exemplo simples do dia a dia:

A) Gostaria de passar as férias no Havaí. Levando-se em consideração a minha liberdade negativa, posso ir ao Havaí se ninguém puser nenhum obstáculo no meu caminho para me impedir de fazer isso. No entanto, se uma condenação criminal me impede de conseguir visto de entrada nos Estados Unidos, por exemplo, minha liberdade negativa foi afetada por uma força externa.

B) Gostaria de passar as férias no Havaí. Infelizmente, sofro de angina aguda e não posso fazer voos longos sem pôr minha saúde em risco. A companhia aérea não vai me impedir de comprar uma passagem de avião e, embora tenha dito que essa não é uma boa ideia, meu médico não pode me impedir de correr o risco, de modo que minha liberdade negativa não está limitada por forças externas. No entanto, como estou *incapacitada de ir* ao Havaí por causa do problema de saúde, minha liberdade positiva foi anulada.

No exemplo A, minha liberdade negativa poderia ser restringida pelos requisitos para entrar nos Estados Unidos. Esses requisitos foram estipulados pelo Estado para proteger seus cidadãos de influências indesejáveis. Assim, a intervenção do Estado neste caso parece ser justificável. Por outro lado, e se minha liberdade de movimento fosse restringida por outros motivos, como características étnicas ou afiliação política? Será que a intervenção do Estado e a aplicação de liberdade negativa seriam permissíveis nessas circunstâncias? No exemplo B, minha liberdade positiva poderia ser exercida por meio da criação de um estado de coisas favorável ao desenvolvimento da minha capacidade de autodeterminação. O Estado poderia fornecer atendimento à saúde gratuito que me ajudasse a controlar com eficácia a angina. A companhia aérea poderia oferecer assistência médica para assegurar minha·segurança durante a viagem. Nesse sentido, a efetivação da liberdade positiva exigiria um determinado ambiente social. A liberdade positiva, portanto, exige a formação de uma comunidade com ideais coletivos.

O conceito de "vontade geral" formulado por Jean-Jacques Rousseau (1712-1778) pode ser considerado uma tentativa de articular uma ideologia de liberdade positiva.

> *O homem nasce livre e, por toda parte, encontra-se acorrentado. Embora se julgue senhor dos outros, não deixa de ser mais escravo do que eles.*
> – Jean-Jacques Rousseau, *O Contrato Social* (1762)

Para Rousseau, há dois tipos de liberdade: a liberdade pessoal e a liberdade social. A liberdade pessoal deriva de instintos humanos básicos, do egoísmo natural e da imposição de condições que forçam os indivíduos a competir e a entrar em conflito uns com os outros na luta pela sobrevivência. A liberdade social fornece uma alternativa, já que o indivíduo entra num contrato social e se submete aos desejos da *vontade geral* de uma comunidade ou coletividade. Isso promove uma visão de sociedade em que cada indivíduo age como parte interessada e é livre para participar dos processos democráticos. Para que um contrato social funcione, Rousseau afirma que a liberdade pessoal e os desejos e motivações individuais têm que estar subjugados à vontade geral.

" Se liberdade significa alguma coisa, será sobretudo o direito de dizer às outras pessoas o que elas não querem ouvir. "
– George Orwell, *A Revolução dos Bichos* (1945)

Os conceitos de liberdade positiva e negativa e de liberdade pessoal e social fornecem as bases para debates fundamentais na moderna teoria política. Os defensores da liberdade negativa argumentam que uma certa medida de intervenção estatal é permissível para salvaguardar liberdades essenciais, como liberdade de movimento, liberdade de associação e liberdade de praticar uma religião. Os defensores da liberdade positiva afirmam que o Estado deve intervir para criar condições que permitam aos indivíduos florescer e ser autossuficientes na conquista de suas metas. Em essência, os argumentos a favor e contra a liberdade tanto positiva quanto negativa dizem respeito à determinação dos limites de controle e intervenções estatais aceitáveis e, no nível mais fundamental, a como a sociedade humana deve ser organizada.

SE OS DEUSES EXISTEM, POR QUE PERMITEM O SOFRIMENTO?

As tentativas filosóficas de reconciliar a existência de um deus – ou deuses – onipotente (que tudo vê) e onibenevolente (que tudo ama) com um mundo cheio de dor e sofrimento têm girado em torno do uso retórico da *teodiceia*. O termo *teodiceia* deriva da palavra grega *Theos*, que significa "Deus", e *dikē*, que podemos traduzir por "justificação de": ou seja, "justificação de Deus". O termo foi usado pela primeira vez pelo filósofo alemão Gottfried Wilhelm Leibniz (1646-1716 d.C.) na obra *Teodiceia* (1710). A preocupação central de Leibniz era explicar de maneira mais racional a existência do mal no mundo. O mal, nesse sentido, não é restrito aos conceitos cristãos de mal e pecado, mas inclui também a dor e o sofrimento humano. Leibniz era um matemático muito capaz que, segundo alguns estudiosos, pode ter desenvolvido o cálculo antes de sua descoberta histórica por *Sir* Isaac Newton. Graças à sua formação em matemática e lógica formal, a filosofia teórica de Leibniz adota uma abordagem determinista, ou seja: tudo o que ocorre é o resultado de condições predeterminadas.

Leibniz baseia sua teodiceia na premissa de que Deus é Todo-Poderoso e a fonte de tudo o que é bom no mundo. Quando Deus criou o mundo, deve tê-lo feito da maneira mais perfeita possível porque não seria lógico que um Deus Todo-Poderoso criasse deliberadamente um mundo inferior e imperfeito. Isso levou à famosa conclusão de Leibniz, de que vivemos "no melhor dos mundos possíveis" (ver também O *copo está meio cheio ou meio vazio?*).

" Quanto ao sofrimento, nunca se enganaram,
Os velhos Mestres: como entenderam
A sua morada humana: como acontece
Enquanto outros comem ou abrem uma janela
ou dão um passeio obscuro... "
– W. H. Auden, *Museu de Belas Artes* (1938)

O contra-argumento cético à teoria do melhor dos mundos possíveis de Leibniz é que as imperfeições são visíveis através da existência do mal e do sofrimento, que seriam permitidos por Deus, como atesta sua própria existência. Leibniz responde que Deus é dotado de infinita sabedoria, mas que suas criações (seres humanos) não são, sendo limitados por sua capacidade em pensamento e ação (vontade humana) de mudar condições predeterminadas. Essa limitação na liberdade da vontade humana tem levado a falsas crenças e ações equivocadas, o que por sua vez leva ao sofrimento e à dor. Em suma, são os humanos que infligem miséria e sofrimento uns aos outros, e não Deus, que age meramente como um árbitro, pois as forças do bem só se tornam aparentes para a mente humana pelo contraste necessário com as forças do mal e da dor. Passando pelo sofrimento, os seres humanos aprenderão com suas falsas crenças e decisões e chegarão "à luz da verdade correta".

A teoria do "melhor dos mundos possíveis" de Leibniz encontrou seu oponente mais clamoroso nas obras do escritor e filósofo francês François-Marie Arouet, mais conhecido pelo pseudônimo Voltaire (1694-1778). Escritor e filósofo prolífico, Voltaire produziu uma vasta obra que inclui peças, poesia, romances, ensaios, trabalhos históricos e científicos, mais de 21 mil cartas e mais de 2 mil livros e panfletos.

Cândido (1759) é a obra mais conhecida de Voltaire, um conto picaresco construído em torno de um ataque constante e demolidor à filosofia de Leibniz, satirizando com ironia o tipo de otimismo filosófico e moral que Leibniz defende. O argumento principal de Voltaire é que há um excesso de mal e sofrimento observáveis no mundo, o que é desproporcional à quantidade de bem observável. Considerando Leibniz culpado de otimismo cego (*O Otimista* é o subtítulo do conto), Voltaire cria o Doutor Pangloss, um discípulo incondicional da filosofia de Leibniz, como veículo para zombar do otimismo filosófico. O anti-herói epônimo, Cândido, é posto sob a tutela de um Pangloss arrogante e bufão, que alardeia sua doutrina de que tudo tem um propósito e que as coisas acontecem "para o melhor". Ao longo do conto, o herói epônimo é jogado de uma catástrofe para outra, passando por guerras, terremotos e naufrágios ao longo do caminho. Muitas dessas calamidades são racionalizadas por Pangloss, usando a fórmula de Leibniz de que o mal é uma consequência necessária para um bem maior. Muito da lógica de Pangloss é risível, como alegar que a sífilis, supostamente trazida para a Europa por Colombo, é uma coisa boa, já que Colombo descobriu também o chocolate, ou que o terremoto de Lisboa, que levou 30 mil vidas, foi "para o melhor". Numa guinada irônica, no entanto, o convencido e pretensioso Pangloss faz uma preleção de seu sistema filosófico para um membro da Inquisição Portuguesa e é logo acusado de heresia e executado.

Embora os ataques satíricos de Voltaire contra o otimismo de Leibniz e Pangloss pareçam, na superfície, promover uma visão sombria e cínica do mundo e da natureza humana, Voltaire não era ateu. Figura de importância central no Iluminismo Europeu, Voltaire sustentava a crença de que os humanos podem chegar à virtude moral por meio da razão, e de que a razão, aliada à observação do mundo natural, é suficiente para determinar a existência de Deus. O terremoto de Lisboa parece ter tido um grande impacto sobre a filosofia de Voltaire, levando-o a acreditar que os humanos podem e devem ser capazes de criar um mundo melhor para si mesmos e para as futuras gerações. Nesse sentido, Voltaire via o "melhor dos mundos possíveis de Leibniz" como um obstáculo ao progresso e à mudança e uma justificativa para manter o *status quo*.

A defesa da liberdade de expressão que Voltaire nunca fez

O *Dicionário Filosófico* (1764) de Voltaire, considerado sua maior contribuição à filosofia, não é um dicionário no sentido convencional, mas uma grande miscelânea de ensaios e panfletos sobre qualquer assunto que despertasse seu interesse. Um aspecto notável dos escritos filosóficos de Voltaire é a tendência a construir argumentos polêmicos fervorosos em torno do uso de aforismos. Dois dos aforismos mais memoráveis de Voltaire, "Otimismo é a loucura de insistir que está tudo bem quando estamos infelizes" e

"Todo homem é culpado de todo bem que não fez" são propositalmente literários no estilo, revelando a natureza muitas vezes paradoxal do pensamento de Voltaire, e tiveram uma influência considerável sobre outros escritores, como Oscar Wilde. A citação atribuída com mais frequência a Voltaire é sobre o tema da liberdade de expressão: "Não concordo com uma palavra do que você diz, mas defendo até a morte seu direito de dizê-la". Ironicamente, a citação não aparece em nenhuma das cartas reunidas de Voltaire, assim como em nenhum dos seus outros escritos, mas deriva de uma história apócrifa que aparece em 1906 na biografia de Voltaire da escritora inglesa Evelyn Beatrice Hall, intitulada *Os Amigos de Voltaire* [tradução livre].

OS ANIMAIS TÊM DIREITOS?

A questão de até que ponto os animais têm direitos pode parecer um debate filosófico moderno, nascido das democracias liberais e de um desenvolvimento natural dos conceitos de liberdade e direitos humanos. No entanto, os argumentos contra e a favor dos direitos dos animais têm atraído pensadores tão diversos quanto Plutarco, Descartes e Nietzsche ao longo da história da filosofia. Plutarco (46-120 d.C.), um estudioso da Grécia Antiga, tratou das questões éticas da criação de animais para alimento no ensaio "Sobre Comer Carne". Plutarco é mais conhecido por suas biografias detalhadas de filósofos e estadistas gregos e romanos contidas na obra *Vidas Paralelas*, e como cronista da sociedade clássica. Além de sua contribuição à história, Plutarco era também um ávido ensaísta que escreveu trabalhos polêmicos sobre uma ampla variedade de assuntos, como a maneira correta de estudar poesia e filosofia, aconselhamento matrimonial e técnicas para criar os filhos. Esses ensaios são coletivamente conhecidos como *Moralia*, incluindo a famosa diatribe de Plutarco sobre o direito dos animais.

Em "Sobre Comer Carne", o argumento de Plutarco contra o consumo de carne tem duas partes. Na primeira, Plutarco discute a ideia muitas vezes sustentada de que os seres humanos são carnívoros por natureza. O corpo humano, argumenta Plutarco, não é feito para consumir carne. Nossa boca, a disposição dos nossos dentes e outros atributos físicos não sugerem um animal para quem caçar, matar e devorar outros animais seja uma necessidade biológica. Além disso, Plutarco aponta a hipocrisia no consumo de carne por seres humanos, argumentando que outros carnívoros, que matam por necessidade, comem a carne enquanto ela ainda está quente ou "do jeito que está", enquanto os seres humanos curam e preparam a carne para o consumo, "de modo que o paladar seja enganado e aceite o que é estranho a ele". Plutarco desafia os comedores de carne a matar "de forma nobre" com as próprias mãos, sem o uso de armas, para provar que são verdadeiros carnívoros. A segunda parte do argumento de Plutarco gira em torno dos aspectos éticos e espirituais do que é certo e errado no consumo de carne. Plutarco descarta a noção de que os animais não têm alma nem consciência e chama a atenção para comportamentos animais que mostram inteligência e senciência:

> *Por um pedacinho de carne, privamos uma alma do sol e da luz... E então fantasiamos que as vozes que emite e grita para nós são apenas sons e barulhos desarticulados, e não as súplicas de cada um.*
> – Plutarco, "Sobre Comer Carne" (c. 100 d.C.)

Além disso, Plutarco argumenta que a crueldade com que a carne é conseguida brutaliza o caráter humano, o que não apenas o torna mais insensível ao sofrimento de animais não humanos, mas legitima a brutalidade, estimulando comportamentos semelhantes para com outros seres humanos. Os argumentos de Plutarco tiveram um efeito considerável sobre os círculos intelectuais da Grécia, principalmente sobre a escola de filosofia neoplatônica fundada por Plotino e seu seguidor, Porfírio (234-305 d.C.), ambos veganos devotados.

Em *Discurso do Método* (1657), o filósofo do Iluminismo francês René Descartes (1596-1650) forneceu a contraposição à questão de até que ponto os animais têm direitos. Descartes argumenta que, embora os animais pareçam mostrar inteligência, na verdade seu comportamento é instintivo e reflexivo e totalmente determinado por simples sensações. Um cão ferido na rua pode choramingar e ganir, demonstrando assim a capacidade de sentir dor, mas esse é um impulso que o animal não é capaz de racionalizar ou articular através do pensamento e da linguagem. Os animais são na verdade conscientes da dor, mas lhes falta a capacidade de pensamento autoconsciente e coerente a respeito do conceito de dor, de sua natureza e de suas consequências. Descartes criou a expressão *bête machine* para equiparar as reações de animais a certos estímulos às de uma máquina funcionando mal (embora Descartes admita que os *animais-máquinas* são muito superiores em sua construção do que as máquinas feitas pelo homem, já que foram criados por Deus).

" Aquele que se abstém de qualquer coisa animada... será muito mais cuidadoso para não ferir os da própria espécie. Pois quem ama o gênero não odiará nenhuma espécie de animais. "
– Porfírio (234-305 d.C.),
Da Abstinência do Alimento Animal

A principal objeção à posição de Descartes diz respeito à noção de sofrimento. Muitas pessoas consideram as imagens e os exemplos de crueldade animal intoleráveis, bárbaros e incivilizados. Peter Singer, o filósofo australiano contemporâneo (nascido em 1946), argumenta que fazer a distinção entre sofrimento humano por um lado e sofrimento de animais por outro revela a incapacidade de compreender de maneira plena a natureza da crueldade, do preconceito e da opressão, que é desde já indefensável. Singer observa que o argumento de Descartes hierarquiza o acesso à igualdade com base na inteligência percebida e que essa distinção arbitrária remete à posição adotada por mercadores de escravos e supremacistas brancos. Singer argumenta que o sofrimento, em si mesmo e por si mesmo, é errado, independentemente de quem ou do que está sentindo a dor.

> *Se um ser sofre, não pode haver justificativa moral para a recusa a levar em consideração esse sofrimento. Seja qual for a natureza do ser, o princípio de igualdade exige que seu sofrimento seja levado em conta assim como sofrimentos semelhantes – na medida em que uma comparação aproximada possa ser feita – de qualquer outro ser.*
>
> – Peter Singer, *Ética Prática* (1979)

O QUE É O TEMPO?

A questão da natureza do tempo, de sua objetividade e subjetividade (se o tempo existe fora da percepção imediata que temos dele) é um problema que ocupa os pensadores desde a antiguidade. No diálogo *Timeu* (c. 360 a.C.), Platão escreve: "O tempo é a imagem em movimento da eternidade". O projeto de Platão era delinear o que, segundo ele, são os elementos essenciais que constituem o cosmos ou universo, equacionando o tempo ao movimento desses aspectos. O tempo, para Platão, é eterno e constante, assim como o universo é destinado a ser eterno e constante.

Aristóteles expandiu essa visão de tempo como movimento ao analisar a relação entre movimento e mudança. Para Aristóteles, onde há desenvolvimento ou movimento, há tempo. Essa ideia se baseia na noção de que tudo o que vem a ser ou que deixa de ser, existe no tempo. A mudança ocorre por causa do tempo, sem tempo não há mudança.

Mas o que é exatamente a nossa percepção do tempo? Quando pensamos ou falamos do tempo, em geral nos referimos ao tempo presente. Um exemplo disso, "O que é o tempo?". Aristóteles argumenta que a essência do tempo é *o agora*, o instante temporal presente que constitui a experiência imediata. No entanto, isso parece contradizer a visão de tempo como movimento e mudança, defendida por Aristóteles, já que sabemos que o tempo não pode ser estático. Assim, o tempo não é apenas o "agora" presente, mas também o movimento entre o tempo passado e o tempo ainda não ocorrido.

Assim, Aristóteles parece estar sugerindo que não temos percepção do tempo como um objeto, mas que percebemos mudanças ou acontecimentos no tempo. Não percebemos os acontecimentos isoladamente, mas também suas relações sequenciais entre si. Esse conjunto de processos de pensamento é semelhante, em certo sentido, ao de perceber diferentes relações entre objetos separados. Percebemos os acontecimentos numa sequência linear em que um se segue ao outro, como por exemplo a noite se seguindo ao dia. Mas isso apresenta um paradoxo. Se, como afirma Aristóteles, o que percebemos com relação ao tempo, percebemos como *o presente e ocorrendo agora*, será que podemos perceber a relação entre dois acontecimentos sem perceber também os próprios acontecimentos? Ou, em outras palavras, para perceber os dois acontecimentos como agora, teríamos que percebê-los simultaneamente, e não em sequência linear, afinal de contas. Em suma, quando percebemos a noite se seguindo ao dia, paramos de perceber o dia e o remetemos à memória como tempo passado recente. Isso parece sugerir que o tempo é uma estrutura para ordenar a experiência.

> " Está totalmente além do nosso poder medir as mudanças das coisas pelo tempo... o tempo é uma abstração a que chegamos através das mudanças das coisas. "
> – Ernest Mach, *A Ciência da Mecânica* (1893)

No cerne da análise filosófica da natureza do tempo há um debate entre duas escolas opostas de pensamento: por um lado, o *relacionismo* e, por outro, o *absolutismo*.

A visão relacionista, endossada por Aristóteles e Leibniz, declara que o tempo não pode existir fora dos acontecimentos e mudanças que nele ocorrem, ou seja, o tempo é um sistema de relações temporais entre coisas e acontecimentos. Esse ponto de vista sugere que é impossível perceber o tempo sem perceber as mudanças nessas relações temporais. Aqui, o argumento epistemológico remete ao argumento sobre a (não) existência do nada (ver *Por que afinal existe o ser em vez do nada?*). É, segundo os princípios da lógica, impossível perceber um período de tempo vazio em que nada ocorre.

A visão absolutista, endossada por Platão e cientistas como Isaac Newton, adota uma abordagem metafórica. O tempo, para os absolutistas, é como um arquivo vazio infinito no qual os acontecimentos, objetos e entidades são colocados e ordenados. O arquivo existe a despeito do que é colocado dentro dele (se é que algo é colocado).

Immanuel Kant, em *Crítica da Razão Pura* (1781), desenvolveu o argumento do absolutismo *versus* relacionismo equacionando nossa concepção de tempo com uma forma de intuição, ou realidade subjetiva. Kant acredita que a nossa compreensão do tempo é um conhecimento *a priori* (algo que é inato). Assim, para Kant, tempo e espaço não podem existir fora da mente: mais que isso, são operações da própria mente (ou seja, intuições). Kant usa o termo *noumenon* para descrever as coisas como *elas são*, o que é diferente de *como podem parecer*. É por meio da intuição que conseguimos transformar *noumenon* em fenômenos compreensíveis, como o tempo.

Tempo sem mudança – um experimento mental

Numa tentativa de pôr em discussão a visão aristotélica de que o tempo não pode ser percebido sem movimento e mudança, o filósofo norte-americano Sydney Shoemaker construiu a hipótese a seguir em 1969. Shoemaker descreve um mundo paralelo dividido em três zonas e as rotulou como Zona 1, Zona 2 e Zona 3.

Na Zona 1, algo peculiar ocorre a cada dois anos: há um período de uma hora em que tudo congela e nada acontece. Antes desse congelamento, tudo na Zona 1 é envolto num brilho vermelho e cercado por um campo de força impenetrável: nada pode entrar nem sair da zona, nem mesmo a luz, de modo que a zona parece negra para as demais. Passada uma hora, a zona descongela. Os acontecimentos continuam como antes do congelamento e os habitantes das outras duas zonas percebem que nenhuma mudança ocorreu, embora uma hora tenha se passado. No entanto, para os habitantes da zona congelada, o brilho vermelho e o campo de força não trazem o congelamento de toda mudança, mas uma série de abruptas "mudanças" desconectadas.

Congelamentos semelhantes ocorrem nas outras duas zonas em momentos predeterminados com resultados idênticos, e a cada trinta anos há um período em que o planeta inteiro congela por uma hora. Os habitantes logo conseguem calcular quando os congelamentos ocorrem e modificar sua percepção do tempo de acordo com isso. Shoemaker parece estar sugerindo, por meio desse mundo hipotético, que o tempo é o aspecto mais fundamental na relação tempo/mudança e que, longe do tempo parar de existir sem a mudança, a mudança pode parar de ocorrer enquanto o tempo continua.

SE UMA ÁRVORE CAI NUMA FLORESTA E NÃO HÁ NINGUÉM POR PERTO PARA OUVI-LA, SERÁ QUE ELA FAZ ALGUM SOM?

A questão "se uma árvore cai numa floresta e não há ninguém por perto para ouvi-la, será que ela faz algum som?" é muitas vezes atribuída ao filósofo e clérigo anglo-irlandês George Berkeley (1685-1753). Embora não seja uma apropriação indevida, a forma moderna da questão difere um pouco da proposição original de Berkeley.

George Berkeley é considerado o fundador do ramo da filosofia denominado *idealismo* subjetivo. O idealismo, em termos filosóficos, afirma que a realidade como a conhecemos é basicamente uma construção da mente e de nossas faculdades de percepção mental.

Essa é a tese geral de Berkeley: "ser é ser percebido".

> *Os objetos dos sentidos existem apenas quando percebidos; assim, as árvores só estão no jardim pelo tempo em que alguém as percebe.*
> – George Berkeley, *Tratado sobre os Princípios do Conhecimento Humano* (1710)

De acordo com a formulação de Berkeley, a percepção cria a nossa realidade, e o que vemos como coisas físicas, incluindo os corpos, não passam de padrões de percepção estáveis e regulados. A esses padrões e construções mentais são atribuídas palavras, e eles são ordenados em categorias como "árvore", "gato" ou "pedra". No entanto, nossa percepção dessas categorias é imediata e "no momento". Embora Berkeley não analise sua questão (e nunca mencione sons), sua resposta à pergunta seria: se uma árvore cai e ninguém ouve, então ela não apenas não produz nenhum som, mas "a árvore", uma vez que é percebida pela mente humana, deixa de existir.

Os oponentes do ponto de vista de Berkeley alegam que isso sugere a absurda conclusão de que as árvores deixam de existir quando não há ninguém na floresta para percebê-las. No entanto, a ciência diz que as árvores e as florestas existem e, além disso, diz que as árvores existem há mais tempo do que os humanos. Então, por que a existência das árvores depende, na sua totalidade, das faculdades perceptivas das pessoas que as percebem?

Berkeley evita essa charada alegando que, por ser onipotente, Deus está eternamente presente na floresta (como em todos os outros lugares) e, percebendo sempre as árvores, garante a elas existência contínua. Em outras palavras, ao acumular com amor todas as percepções na mente divina, Deus garante sua existência contínua: daí a regularidade percebida do "mundo natural".

> " A realidade deixa muito espaço à imaginação. "
> John Lennon, citado em *Sunday Herald Sun* (2003)

Assim, a filosofia de Berkeley pode ser expressa em dois níveis de existência. Por um lado, o nível do corpo e da mente humana individual, o nível em que nossas percepções criam a realidade. O que percebemos através dos nossos sentidos determina o que experimentamos e, portanto, o que existe para nós. Por outro lado, há o "nível supremo" da existência, em que a percepção simultânea que Deus tem de tudo garante o funcionamento contínuo de um "mundo natural" compartilhado.

NADA É SUFICIENTE PARA QUEM O SUFICIENTE É POUCO?

Uma das escolas de pensamento mais mal compreendidas da Grécia Antiga é o *epicurismo*. Muitas vezes interpretado erroneamente como autoindulgência descarada na busca por prazeres sensuais, o epicurismo foi, na prática, uma forma de ascetismo comedido.

Epicuro (341-270 a.C.), fundador dessa escola de pensamento, foi discípulo do filósofo Demócrito (460-370 a.C.), um dos principais pensadores da escola *atomista*. O *atomismo* é uma tentativa de compreender a natureza mutável do universo e gira em torno da ideia de que tudo é composto por átomos – do grego, "indivisível"– que flutuam inexoravelmente dentro de um vazio infinito. Essas pequenas partículas de matéria se movem constantemente anexando e se destacando entre si para formar diferentes entidades e organismos dentro do vazio. Demócrito é muitas vezes chamado de "filósofo que ri", sendo que vários comentadores (os ensinamentos de Demócrito sobrevivem apenas nos relatos em segunda mão de escritores posteriores) ressaltam sua tendência a manter uma visão positiva da vida como meio de promover o bem-estar espiritual. Epicuro parte da afirmação de Demócrito, de que o bem é intrínseco à alma humana, para desenvolver uma forma do que se tornou conhecido como "hedonismo ético".

O hedonismo ético de Epicuro toma como ponto de partida a afirmação de Aristóteles de que a "felicidade é o mais alto bem" (ver *O que é felicidade?*) que tem valor por si mesma e não relativamente a coisas materiais. No entanto, Aristóteles equaciona felicidade com prazer e o prazer com o cultivo e a prática da virtude, o que Epicuro rejeita. Ele adota o ponto de vista de que a busca do prazer, além de ser natural e inata, é a motivação por trás das ações e pensamentos humanos. Um exemplo dessa predisposição natural para o prazer pode ser observado no comportamento de crianças muito pequenas. Fazer cócegas num bebê ou brincar de "cadê?... achou!" provoca risadas e sorrisos, e quando essas ações são subitamente interrompidas, o bebê muitas vezes chora em reação à perda do prazer que estava sentindo. Epicuro acredita que essa inclinação a buscar o prazer e evitar a dor e a perda é natural também nos adultos, só que neste caso se torna mais complexa graças a fatores como relações sociais, sistemas de crenças e noções de responsabilidade. No entanto, esses complicadores não prejudicam o argumento básico de Epicuro, de que todas as atividades visam a obtenção de prazer pessoal, até mesmo as ações que parecem envolver autossacrifício ou que são motivadas pelo dever. Isso acontece porque a capacidade humana de introspecção nos permite saber instintivamente que o prazer é bom e que a dor é ruim.

Ligando o prazer à satisfação dos desejos, Epicuro faz uma distinção entre duas formas de prazer: *prazer em movimento* e *prazer estático*. Os prazeres "em movimento" estão relacionados ao processo de satisfação de desejos, como por exemplo comer uma refeição deliciosa para satisfazer a fome. Os prazeres em movimento envolvem a estimulação dos sentidos para produzir reações físicas e emocionais, sendo que o senso de prazer existe em grande parte "no momento". Epicuro argumenta que, *depois* do processo, depois que a ação ou o estado ocorreram e que os desejos foram satisfeitos, nós nos sentimos saciados, já que não estamos mais com carência ou necessidade imediata de alguma coisa. Esse estado de saciedade é um prazer "estático", que tem mais valor intrínseco do que os prazeres em movimento.

A implicação da distinção de Epicuro entre os dois estados do prazer é que não há uma área intermediária entre prazer e dor. A não satisfação de necessidades e desejos provoca dor, mas, quando essas necessidades e desejos são satisfeitos, um estado de prazer estático se faz sentir.

" O suficiente é tão bom quanto um banquete. "
– Joshua Sylvester, *Works* (1611)

Epicuro faz também uma distinção clara entre dores e prazeres físicos e dores e prazeres mentais. As dores e prazeres físicos dizem respeito apenas ao presente (como é exemplificado pelo anseio por prazeres em movimento ou por sua realização). As dores e prazeres mentais abrangem tanto o presente quanto o passado, como é o caso de lembranças queridas de uma felicidade passada, ou do pesar por erros ou infortúnios passados.

O principal obstáculo para a conquista da felicidade, na visão de Epicuro, é a apreensão diante do futuro. Dentro do contexto de sua época, Epicuro ressalta as superstições relacionadas ao medo dos deuses e ao medo da morte e da vida depois da morte como a principal fonte da ansiedade. Para atingir um estado de tranquilidade, chamado por Epicuro de *ataraxia*, precisamos afastar os medos diante do futuro e encará-lo com a confiança de que nossos desejos serão satisfeitos.

Como Epicuro vê a satisfação dos desejos como o fator que distingue o prazer da dor, não é surpresa que a ética epicurista seja devotada principalmente à análise dos diferentes tipos de desejos. Se o prazer deriva da obtenção do que se deseja e a dor da não obtenção do que se deseja, então há apenas dois cursos de ação possíveis: lutar para satisfazer o desejo ou se esforçar para erradicar o desejo. No geral, Epicuro defende a erradicação de certos desejos como a melhor estratégia para se atingir a *ataraxia*.

Desejos naturais e necessários

A ética epicurista define três categorias de desejo, sendo que a primeira abrange os desejos naturais e necessários, como a necessidade de alimento e água, calor e abrigo. Esses desejos garantem as condições básicas da existência, de modo que não podem ser eliminados ou reprimidos. Epicuro observa que esses desejos essenciais têm uma limitação natural na medida em que o corpo humano pode absorver apenas uma certa quantidade de alimento, água, calor, conforto etc.

Desejos naturais, mas não necessários

Os desejos naturais, mas não necessários, são aqueles que se dão num nível ainda essencial para a sobrevivência, mas que não são indispensáveis. Alimentos caros, vinhos finos e extravagantes (pense em caviar e champanhe) pertencem a essa categoria. Esses desejos podem ser subjugados, já que a dependência deles traz infelicidade e, além disso, existem alternativas mais acessíveis.

Desejos fúteis e vazios

Desejos fúteis e vazios incluem o desejo de poder e influência, fama e fortuna e assim por diante. Esses desejos não são pré-requisitos naturais para a existência, não tendo assim limitação natural. O desejo de poder e influência é difícil de ser realizado e não é um prazer estático. Quando alguém atinge um certo nível de poder e fortuna, anseia, de modo involuntário, por mais. Esses desejos, para Epicuro, nascem de falsas crenças desenvolvidas pelas sociedades humanas, sem uma relação natural com o que de fato precisamos para nos fazer felizes.

Dessas três categorias de desejo, Epicuro diz que devemos tratar a segunda com moderação e contenção, e eliminar por completo a terceira. Assim, a busca de felicidade e tranquilidade inclui o processo de limitar nossos desejos aos que são essenciais e facilmente satisfeitos e descartar os que não são. Em resposta à questão: "Nada é suficiente para quem o suficiente é pouco?", Epicuro responderia sem dúvida que esses dois estados levam à dor e à infelicidade, e que saber quando nossos desejos estão satisfeitos é "suficiente" em si mesmo para manter a tranquilidade espiritual. Devemos considerar o que tem valor para os nossos interesses de longo prazo e nos abster do que proporciona prazer no curto prazo – isso trará prazeres maiores no futuro.

HÁ ALGUMA DIFERENÇA ENTRE VIVER E ESTAR VIVO?

Indagar, superficialmente, sobre a diferença entre "viver" e "estar vivo" parece ser uma simples questão de definição e interpretação. As definições biológicas de organismo vivo estabelecem critérios que precisam ser satisfeitos para que algo seja caracterizado como vivo. Estes incluem aspectos como reprodução, respiração, crescimento, excreção, resposta e assim por diante. Os filósofos em geral não se preocupam tanto com a natureza física do simples fato de estar vivo e se entregam mais a investigações metafísicas sobre o "sentido" da existência. Essa busca pelo sentido da vida inclui ideias de felicidade, moralidade e virtude, tanto no nível coletivo quanto no individual. O simples fato de "estar vivo" pode ser definido em termos biológicos como satisfação de certas necessidades essenciais para a sobrevivência, enquanto "viver" envolve razões e valores que podem ser atribuídos à vida. Um filósofo que propõe uma abordagem filosófica à questão do que é realmente "viver" é Friedrich Nietzsche (1844-1900).

Um dos conceitos centrais da filosofia de Nietzsche é a análise do eu. Na filosofia e na religião ocidentais predomina a visão de que a existência dos seres humanos é dual em sua natureza. Temos o corpo físico e a mente metafísica. Nietzsche rejeita essa visão dual da existência humana e propõe a visão de que mente e corpo são essencialmente um. O que as pessoas chamam de mente ou até mesmo de alma é apenas um aspecto da existência física dos seres humanos. Em seu único romance filosófico, Nietzsche escreveu:

> *Eu sou corpo e alma – assim fala a criança... Mas o homem desperto e sábio diz: tudo é corpo, e nada mais; a alma é apenas um nome de qualquer coisa do corpo.*
> – Friedrich Nietzsche, *Assim Falou Zaratustra* (1883)

O impulso básico por trás dessa entidade (corpo) e, portanto, o valor atribuído à vida humana é encontrado no que Nietzsche denomina "vontade de potência". Isso é basicamente uma extensão da visão, de algum modo pessimista, de Arthur Schopenhauer (que Nietzsche muito admirava) de que a vida humana é ditada por uma primordial "vontade de viver": a necessidade de procriar e a luta pela sobrevivência. Esses aspectos essencialmente físicos de existir ou "estar vivo" são, para Schopenhauer, a causa raiz do sofrimento e da infelicidade no mundo. Nietzsche tirou a ênfase da "vontade de viver", considerando-a uma motivação negativa, e introduziu sua vontade de *potência* como motivação positiva e fonte de força humana.

Nietzsche introduziu a teoria de que, na era clássica, os valores morais, tanto pessoais quanto sociais, derivavam do conflito entre os bons (envoltos nos valores épicos de força e poder) e o mal (personificado pelos pobres, fracos e doentes). Essa oposição é considerada por Nietzsche uma forma de *moral do senhor*. Para Nietzsche, as religiões organizadas como o cristianismo desenvolveram uma contraideologia à "moral do senhor", que ele chama de *moral do escravo*. Essa contraideologia gira em torno de uma distinção moral entre o bem (ideias como caridade, piedade, humildade e contenção) e o mal (conceitos como crueldade, egoísmo, domínio e riqueza). A moral do escravo promove também a ideia de alma como algo separado do corpo, a ser julgada por uma consciência superior (ou seja, Deus). Ao subjugar a vontade natural de poder como o impulso que dá sentido à vida, a moral do escravo consegue impor valores que promovem a subserviência. Como resultado, valores heroicos como força, ambição, individualidade e criatividade passam a ser vistos como inerentemente maus.

> " Não temas tanto a morte,
> mas antes a vida inadequada. "
> – Bertolt Brecht (1898-1956)

Então, a questão para Nietzsche é que a diferença entre estar "vivo" e "viver" está intrinsecamente ligada às metas do indivíduo. Seguir um caminho na vida de acordo com um sentido atribuído *a posteriori* (ou seja, derivado do raciocínio dedutivo), é algo que Nietzsche desaprova, já que leva à negação do pensamento criativo. A questão do sentido da vida é reformulada, deixando de buscar conclusões ou absolutos relativos ao porquê da existência da vida humana, mas sim ao porquê da existência do indivíduo:

> *... por que você, indivíduo, existe, pergunte a si mesmo, e se ninguém conseguir lhe dizer, então procure justificar o sentido da existência a posteriori estabelecendo para si mesmo um propósito, uma meta, um "por isso", um alto e nobre "por isso". Pereça em busca de sua meta – não conheço nenhum propósito de vida mais alto do que perecer em busca de algo grande e impossível...*
> – Friedrich Nietzsche, *Considerações Extemporâneas* (1873-1976)

A diferença entre viver e estar vivo, para Nietzsche, é o dever que o indivíduo tem de estabelecer metas para si mesmo aceitando de maneira criativa a vontade de potência. Essas metas individuais devem ser "altas" e "nobres" e devem exigir o melhor do indivíduo. Nietzsche avalia as consequências de um sentido de vida autodefinido para um mundo habitado por indivíduos. Como não pode haver nenhuma razão preexistente para a existência que não tenha sido corrompida por códigos morais impostos por falsas crenças e determinada para satisfazer seus próprios fins, então o mundo em si mesmo e para si mesmo não tem sentido. Estar vivo é existir, mas viver exige autodeterminação.

Nietzsche adota uma abordagem iconoclasta à busca filosófica tradicional por sentido e compreensão, conhecimento e método. Sua tendência a refutar algumas das vacas sagradas do pensamento filosófico, como a formulação dialética de Hegel e a validade de Sócrates, acaba mirando ao mesmo tempo questões referentes ao sentido de cultura, história, ciência, moralidade e arte. A escolha de Nietzsche é rejeitar os lugares-comuns, negar respostas genéricas e exigir a primazia da interpretação individual, um método que se revelou muito influente. Embora Nietzsche tenha produzido uma série incrível de contradições e aforismos cegos, seus textos são sempre escritos de maneira bela e habilmente concebidos. A filosofia de Nietzsche rejeita de propósito a definição, pois ele acredita que cabe a nós traçar nossas próprias conclusões, sem levar em conta noções de certo e errado que não sejam nossas.

É MELHOR AMAR DO QUE SER AMADO?

A filosofia do amor em suas várias formas é um tópico que tem atraído os pensadores através das eras. São comuns as tentativas de distinguir entre diferentes formas de amor, principalmente em teologia e religião, que traçam distinções entre "amor terreno", entre indivíduos, e "amor sobrenatural", entre Deus e seus súditos.

Os antigos gregos dividiam a noção de amor em três formas separadas que denominavam *eros*, *ágape* e *philos*.

Eros

O primeiro desses termos tem sido submetido a diferentes interpretações. O sentido original equipara *eros* ao forte desejo sensual e sexual, ao anseio por intimidade. Platão refinou essa interpretação na obra *O Banquete* (ver *A beleza está no olho de quem vê?*). A discussão de Sócrates no *Banquete* (c. 385-370 a.C.) avalia a natureza superficial do desejo erótico instantâneo, embora o reconheça como ponto inicial. É por meio da contemplação que uma pessoa passa a compreender que o desejo físico é uma reação superficial à beleza física. Com o tempo, o amor de uma pessoa passará do domínio físico ao amor e compreensão da alma do objeto do desejo inicial. É a esse processo que nos referimos quando falamos que o amor "platônico" é um "amor não físico", uma vez que é uma apreciação da beleza da alma, o que exige uma jornada de transcendência.

Ágape

Se *eros* pode ser categorizado no domínio do "amor terreno", então a segunda forma de amor, *ágape*, reside tradicionalmente no domínio do amor "sobrenatural". A interpretação teológica, como aparece na Bíblia, no livro dos Coríntios, equipara *ágape* ao "amor de Deus pelo homem e do homem por Deus". No conceito de amor de Deus por seus súditos, *ágape* é considerado espontâneo e incondicional: o amor não nos é concedido como recompensa por nossos valores intrínsecos de retidão, mas apenas porque a natureza de Deus é amor. Ao contrário de *eros*, *ágape* não depende da reação a nenhum valor atribuído ao objeto do amor, mas promove valores em seu objeto. Essa ideia do valor enriquecedor do amor de Deus é prevalente nos escritos do filósofo e teólogo Santo

Tomás de Aquino (1225-1274). Ele era um seguidor devoto dos escritos de Aristóteles e tentou sintetizar suas ideias sobre ética com a teologia cristã. Na *Suma Teológica* (1267), Tomás de Aquino define o amor de Deus (e por extensão todas as formas de amor, já que Deus é onipresente) como "um movimento da vontade em direção ao bem". *Ágape*, nessa interpretação, implica que é melhor amar do que ser amado, já que o movimento do nosso amor (amor de Deus) fará do objeto desse amor uma pessoa melhor. A ênfase no incondicional é um aspecto básico de *ágape*, uma vez que, além da interpretação puramente teológica, essa forma de amor abrange também o amor inequívoco dos pais pelos filhos e noções de amor fraternal.

Philos

A terceira forma de amor, *philos*, explora as virtudes da amizade, da lealdade e da solidariedade. O termo é usado por Aristóteles em *Ética a Nicômaco* (350 a.C.) para descrever o amor que se deve dedicar à família e à comunidade através de virtudes como igualdade e gentileza. Aristóteles também usa *philos* num sentido abstrato e emocional para descrever o amor que podemos sentir por meio da experiência, como, por exemplo, os sentimentos despertados pela música, pela arte ou pela beleza da natureza. Para Aristóteles, a prática de *philos* é essencial para termos uma vida virtuosa e satisfatória, o que implica também que é melhor amar do que ser amado.

> " É melhor ser odiado pelo que você é do que ser amado pelo que você não é. "
> – André Gide, *Folhas de Outono* (1949)

Nem todos os filósofos discutem as implicações filosóficas do amor de maneira positiva. O filósofo epicurista Lucrécio (99-55 a.C.), em seu poema épico filosófico "Sobre a Natureza das Coisas" (50 a.C.), considera o amor, ainda que no sentido de *eros*, destrutivo para a virtude pessoal: "apaixonado... os melhores anos da vida desperdiçados em indolência e devassidão".

Nietzsche e o amor

A visão de Friedrich Nietzsche sobre o conceito de amor provoca divergência entre seus estudiosos. Nietzsche permaneceu solteiro durante a vida toda e não é conhecido por nenhuma relação duradoura ou significativa com uma mulher. Isso levou alguns comentadores a sugerir que talvez Nietzsche fosse homossexual. Outros comentadores lembram que Nietzsche se declarou para a mesma mulher, Lou Andreas-Salomé, em três ocasiões, sendo rejeitado em todas elas. Existe até mesmo a sugestão de que seu bigode peculiar foi cultivado para ocultar traços faciais que o incomodavam ao extremo. A citação a seguir sugere uma atitude muito cínica diante do amor, concebendo-o como desejo de posse e, portanto, transitório por natureza:

> Desejo de posse e amor: que associações diversas essas duas palavras evocam! – e, no entanto, poderia ser o mesmo impulso duas vezes nomeado: numa ocasião

menosprezado do ponto de vista dos que já possuem (para quem o impulso alcançou algum repouso e que estão agora apreensivos pela segurança de sua "posse"); na outra ocasião considerado do ponto de vista dos insatisfeitos e sedentos, sendo portanto glorificado como algo "bom". Nosso amor ao próximo – não é ele a busca de uma nova propriedade? E igualmente o nosso amor ao saber, à verdade; e a busca por novidades em geral? Pouco a pouco nos cansamos do que é velho, do que possuímos com certeza, e voltamos a estender as mãos; até mesmo a mais bela paisagem em que vivemos por três meses não está mais certa do nosso amor, e qualquer litoral mais distante desperta nossa cobiça: a posse, na maior parte, se torna menor ao se possuir. Para se manter, o prazer em nós mesmos está sempre transformando alguma coisa nova em nós – possuir é exatamente isso. Ficar farto de uma posse é ficar farto de si mesmo. (Pode-se também sofrer por excesso – até mesmo o desejo de jogar fora, de distribuir, pode assumir o ilustre nome de "amor".)

– Friedrich Nietzsche, *A Gaia Ciência* (1892)

TEMOS ALMA?

A ideia de alma humana, em religião e filosofia, gira tradicionalmente em torno dos aspectos imateriais (não físicos) de um ser humano, que definem a individualidade e o senso do eu. Em religião, a noção de alma está ligada a um senso do pós-vida e, embora seja considerada incorpórea, muitas religiões afirmam que a alma continua a viver depois da morte. Para os antigos gregos, a alma humana está relacionada à psique, a uma "voz dentro da cabeça", que constitui a base de nossas decisões e ações. Em *A República* (c. 380 a.C.), Platão define o que vê como as três partes essenciais da alma humana.

A racional

A parte racional (*logistikon*) da alma é a que se refere à clareza de pensamento e à busca pela verdade e compreensão. A parte racional determina nossa capacidade de raciocinar e distingue entre o que é real e o que é falso, o que é certo e o que é errado. Esse aspecto da alma regula e governa os outros dois elementos e é devotado à bondade. Em religião, esse elemento da alma é similar ao conceito cristão de retidão, o caminho que leva as almas boas e justas ao céu depois da morte.

A irascível

Para Platão, o segundo elemento da alma é o irascível (*thymoeides*). É nessa parte que estão as emoções que nos movem e é onde sentimos raiva ou injustiça. Há uma clara diferença entre o uso que Platão faz da palavra "irascível" e o seu uso comum. Platão usa o termo irascível para indicar sentimentos poderosos que não devemos permitir que nos dominem e que precisam ser canalizados para a bondade. Na alma justa ou reta, o irascível funciona em harmonia com o racional para controlar os excessos do terceiro elemento, o apetitivo.

O apetitivo

O elemento apetitivo (*epithymetikon*) da alma está relacionado aos desejos e à busca do prazer. Esses desejos incluem a sede de poder e influência, mas também os desejos físicos básicos pelos prazeres da carne. Uma alma injusta é a que permite que o apetitivo domine, ignorando a influência condutora do racional. Num sentido religioso, uma alma consumida pelo apetitivo é incapaz de resistir à tentação e se entrega aos pecados.

Para Platão, os seres humanos são a soma de suas almas. Eles têm corpo físico, mas sua natureza é determinada pela alma, que contém todas as facetas das capacidades psicológicas que determinam suas ações.

" Viver é nascer lentamente. Seria, na verdade, fácil demais se pudéssemos tomar emprestadas almas já feitas. "
– Antoine de Saint-Exupéry, *Voo para Arras* (1942)

No século XVII, René Descartes desenvolveu um argumento filosófico conhecido como *dualismo*, que tem uma forte relação com a noção de alma. Para Descartes, a mente e o corpo são entidades separadas, não unas. A mente, segundo o dualismo, é composta de matéria não física, diferente da matéria física do cérebro. A mente se situa, portanto, no domínio da consciência ou consciência de si mesmo. O cérebro, sendo um órgão do corpo, pertence ao corpo, enquanto a mente é separada. É no domínio da mente que nossa alma (eu) reside:

> *De maneira que esse eu – isto é, a alma pela qual sou o que sou – é inteiramente distinta do corpo, mais fácil mesmo de conhecer que este, o qual, embora não existisse, não impediria que ela fosse o que é.*
> – René Descartes, *Discurso do Método* (1637)

O filósofo norte-americano do século XIX, William James (1842-1910), na obra *Ensaios em Empirismo Radical* (1912), discorda do conceito do dualismo cartesiano que considera o corpo e a mente fundamentalmente distintos. Recorrendo a seus estudos em psicologia humana, William James define o que chama de "filosofia de pura experiência". Para ele, os seres humanos não têm a experiência da mente separada do corpo, mas apenas das relações entre os pensamentos e das reações corporais a esses pensamentos (como as sensações e emoções). Isso reduz a ideia de consciência como algo separado e substancial a uma mera ilusão criada pela mente. Nossa alma é, portanto, apenas ideias e não uma entidade em si mesma. Nossos pensamentos e nossa percepção corporal das coisas são, em essência, a mesma entidade, que William James chamou de "experiência pura".

O conceito de William James de "experiência pura" tem ecos no desenvolvimento moderno da disciplina de neurociência. A psicologia moderna descarta a ideia de alma como algo separado do corpo e a situa como um objeto da crença humana, um conceito da psicologia que molda a compreensão do mundo natural à nossa volta. Em seus escritos teológicos, William James faz uma distinção entre o cristão de "mente sadia" e os que têm a "alma doente". A mente sadia visualiza o mundo com otimismo, acredita na grandeza de Deus e na vida depois da morte. Os que têm a "alma doente" questionam suas crenças, duvidam da veracidade de Deus e mesmo assim continuam praticando sua religião, a despeito da dificuldade e do desespero. Em filosofia, o problema mente *versus* corpo está na raiz da questão "temos alma?". Talvez a resposta seja que temos uma alma, no sentido religioso e espiritual, quando escolhemos acreditar nisso.

William James e o urso

William James foi um eminente estudioso de psicologia e, em 1884, publicou um artigo controverso intitulado "O que é uma Emoção?". Ele introduziu a ideia de que nossas experiências de emoções e sensações seguem um padrão estabelecido de eventos precedido por algum tipo de estímulo psicológico (corporal). William James apresenta um exemplo hipotético de alguém caminhando sozinho num bosque quando, de repente, se depara com um urso feroz e ameaçador. A pessoa se vira e foge em pânico cego. James postula a seguinte questão: a pessoa foge do urso porque está com medo ou ela sente medo porque está fugindo? A visão tradicional seria que o urso forneceu o estímulo para o medo, mas William James argumenta que essa interpretação do senso comum é errada. Para ele, as mudanças fisiológicas no corpo precedem a percepção emocional ou a articulação mental de nossas reações emocionais. A pessoa foge, o que aumenta o batimento cardíaco e os sinais neurológicos para o cérebro, o que faz por sua vez com que ela entre em pânico, provocando o sentimento psicológico de estar com medo. Em resumo, William James acredita que diferentes eventos e situações provocam diferentes mudanças psicológicas, o que leva por sua vez a diferentes percepções de nossas emoções.

O DEVER DEVE VIR ANTES DO PRAZER?

A filosofia ética de Immanuel Kant é baseada no conceito do dever. Desde Platão e Aristóteles, a ética em filosofia gira em torno da interpretação e definição de palavras como virtude. Platão classificou quatro *virtudes cardeais* ou *cardinais*: sabedoria, justiça, fortaleza e temperança. Aristóteles desenvolveu depois uma lista com mais de vinte outras características que determinam o conceito grego de *Eudaimonia* (bem-estar ou viver uma vida "justa"). Aristóteles colocou também certas virtudes como o ponto "médio" entre dois vícios, num sentido quase matemático. Por exemplo, a qualidade grega da coragem fica equilibrada entre a covardia por um lado e a beligerância por outro. A virtude da temperança é tomada no sentido de controle dos desejos básicos e, como uma das virtudes cardeais, tem precedência sobre a busca do prazer pelo prazer.

Kant introduziu suas teorias éticas avaliando o que queremos dizer quando falamos de virtudes e perguntando se é possível formar uma hierarquia das características humanas em termos de valor moral, como é o caso em Platão e Aristóteles. A conclusão de Kant é que a única virtude que nunca pode ser posta em dúvida e nem sujeita a questionamentos é a virtude da boa vontade:

> *De todas as coisas que podemos conceber neste mundo, ou mesmo, de maneira geral, fora dele, não há nenhuma que possa ser considerada como boa sem restrição, salvo a boa vontade.*
> – Immanuel Kant, *Fundamentação da Metafísica dos Costumes (1785)*

Kant argumenta que nenhuma das outras virtudes tradicionais (como benevolência, lealdade, bravura, inteligência) tem o mesmo *status* da boa vontade, já que as virtudes menores podem ser corrompidas, ou seja, usadas para a obtenção de fins imorais. Por exemplo, é possível exibir um verniz de gentileza visando um ganho pessoal ou ser leal a alguém que é mau e cruel. Na visão de Kant, a boa vontade é única, uma vez que é bondade pela bondade, mantendo assim seu valor moral. Isso vale a despeito dos resultados ou das intenções ou inclinações por trás das ações empreendidas com boa vontade como premissa. Nesse sentido, a boa vontade é um princípio moral fundamental até mesmo quando não consegue realizar suas intenções morais.

A filosofia ética de Kant abrange também a noção de dever e o dever de cada um fazer o que é certo de acordo com a razão (ver *Como saber a diferença entre certo e errado?*). No entanto, em Kant, a noção de boa vontade não é tão formularizada quanto suas ideias sobre deveres perfeitos e imperfeitos. Uma vontade que age por dever supera obstáculos ou elimina problemas para manter a lei moral determinada pela razão. Tome, por exemplo, uma pessoa que se põe em perigo para salvar a vida de outra. Uma vontade cumpridora do dever é, então, um exemplo singular do exercício da boa vontade, que só é aparente ou válida em condições difíceis. Kant vai além dizendo que só os atos derivados dessa definição de dever têm verdadeiro valor moral. Embora, em certo sentido, o dever assim delimitado restrinja a escolha humana, levando-nos por vezes a agir contra nossas inclinações naturais, mas mesmo assim acabamos agindo, em última instância, de acordo com nossa própria volição e com o desejo de manter a lei moral e de fazer o que é certo. Quando um indivíduo age levado pelo senso de dever, a motivação natural a fazer o que é certo sobrepuja qualquer outra inclinação pessoal. Assim, a ética kantiana procura se afastar da ideia de que a moralidade consiste num conjunto de virtudes e valores impostos externamente e defende, como argumento, que todos os indivíduos realmente autônomos deveriam ser capazes de reconhecer em cada situação que, através do exercício da boa vontade e do dever, estão agindo de acordo com a lei moral.

" Quando não me agradecem,
já me sinto agradecido:
cumpri meu dever e mais nada além disso. "
– Henry Fielding, *A Tragédia das Tragédias ou Vida e Morte do Pequeno Polegar* (1730)

O filósofo alemão Georg Wilhelm Friedrich Hegel (1770-1831) apresentou duas objeções fundamentais às noções kantianas de boa vontade e dever. O principal argumento de Hegel se concentra no fato de a ética de Kant não oferecer considerações específicas sobre o que as pessoas devem fazer quando exercem a boa vontade, argumentando que isso acontece porque a lei moral de Kant é construída sobre o princípio da não contradição (segundo o qual uma coisa não pode ser verdadeira e falsa ao mesmo tempo). Isso significa que a cada momento há apenas um único curso de ação verdadeiro. Então, quando se trata de determinar se é melhor agir em nome do dever ou em nome do prazer, devido à falta de detalhes ou por não levar em consideração as circunstâncias, a lei moral de Kant não pode se constituir num princípio absoluto de moralidade. Na essência, a formulação de uma lei moral absoluta (dever antes do prazer, por exemplo) não fornece nenhuma resposta significativa devido à abstração de quaisquer variáveis no contexto que sejam discerníveis. Como ilustração, Hegel argumenta contra o exemplo de Kant que fala de pegar emprestado ou de emprestar dinheiro.

Segundo Kant, alguém que precisa pedir dinheiro emprestado a um amigo não deve prometer que vai devolvê-lo se souber que não tem como honrar sua promessa. Hegel questiona se o princípio de lei moral de Kant consegue determinar se uma estrutura social, baseada na propriedade, pode afirmar de maneira categórica que é moralmente boa. É interessante observar que grande parte da filosofia política moderna destaca o valor moral do dinheiro. Num desafio para confrontar a ética de Kant com os rigores da lógica e da razão, Hegel usa o exemplo da caridade para ajudar os pobres.

Hegel argumenta que se todos dessem dinheiro para os pobres de acordo com a razão e, como sugere Kant, com o princípio da boa vontade e do dever, então não haveria mais pobreza. Isso parece ser uma distorção peculiar da lógica, mas pode enfraquecer retoricamente a verdade moral absoluta do dever e da boa vontade e torná-los redundantes. No entanto, isso precede na verdade a segunda crítica de Hegel. Nem todos ajudarão os pobres e não o farão por uma variedade de razões. Hegel acredita que essa é uma falha fatal no sistema de Kant, porque força os seres humanos a um choque interior entre razão e desejo. Hegel acredita que não é natural para a mente humana rejeitar e suprimir o desejo em favor de conceitos racionais como boa vontade e dever. A verdadeira questão desse dilema ético está em outro lugar. Se o dever corresponde à coisa certa a ser feita numa dada situação, então ele parece ser o curso de ação correto. Mas se o prazer pode aliviar o sofrimento e a dor, e o dever foi corrompido por pressões externas, o prazer não deveria então vir antes do dever?

" Quantas pessoas gostariam de ser boas, se pudessem ser boas sem ter trabalho. Não gostam tanto da bondade a ponto de passar fome ou sede por ela, ou de vender tudo o que têm; não vão ficar batendo no portão do reino dos céus; mas contemplam com prazer este ou aquele castelo imaginário de retidão, pensando que seria muito bom morar nele. "
George MacDonald, *Paul Faber, Surgeon* (1878)

EXISTEM VERDADES UNIVERSAIS?

A ideia de verdades universais sugere que algumas coisas são constantes e invariáveis, representando fatos inalteráveis. Seria uma verdade absoluta, por exemplo, dizer que não há gatos que sejam cães e nem cães que sejam gatos; que um quadrado não pode ser redondo e que uma coisa circular não pode ser quadrada. Isso quer dizer que existem coisas de fato estáticas e que não podem mudar, podendo ser consideradas universalmente verdadeiras.

> " Os fatos da natureza são o que são, mas só podemos vê-los através dos óculos da mente. "
> – Stephen Jay Gould, *Viva o Brontossauro* (1991)

O esforço para identificar verdades absolutas ou universais está ligado à descoberta da validade de afirmações e proposições. Aristóteles define verdade com a seguinte fórmula:

> *Dizer que o que é não é, ou que o que não é é, é falso; e dizer que o que é é, e que o que não é não é, é verdadeiro...*
> – Aristóteles, *Metafísica* (c. 350 a.C.)

Ou, em outras palavras, podemos dizer que um gato é um gato e que um gato não é um cachorro e estar falando a verdade, mas dizer que um gato não é um gato ou que um gato é um cachorro seria dizer uma inverdade.

Essa área da lógica é conhecida como teoria da correspondência, que sustenta que a verdade ou validade da constatação de um fato é determinada pelo grau de sua correspondência com a realidade. No final do século XIX, Bertrand Russell desenvolveu e analisou as várias vertentes da teoria da correspondência. Para Russell, nosso senso de realidade é composto de nossa compreensão de fatos logicamente independentes. O conhecimento das coisas depende da informação que adquirimos ao experimentá-las diretamente. Quando se trata de determinar a verdade ou falsidade de uma proposição (tomando como ponto de partida que todos os enunciados, verdadeiros ou falsos, partem de proposições) para determinar seu significado, temos que identificar os termos relacionando-os diretamente com o nosso nível de familiaridade com os próprios objetos.

Russell sugere duas maneiras pelas quais os seres humanos desenvolvem familiaridade com objetos e coisas. A primeira é o "conhecimento por familiaridade": ou seja, informação proveniente dos sentidos, da percepção de cores e formas, de lembranças e assim por diante. A segunda é o "conhecimento por descrição": informação proveniente de fontes secundárias que só podem ser inferidas pela razão, mas não experimentadas diretamente, ou mesmo pela experiência do próprio objeto.

No artigo "Da Denotação" (1905), Russell esboça uma abordagem quase matemática para determinar a verdade, a falsidade ou o significado de enunciados e proposições. Russell observa que um dos problemas para determinar a verdade envolve a noção de descrição definida. Uma descrição categorizada como definida contém em geral o artigo definido "o" ou um nome próprio (um nome com a inicial em letra maiúscula). Russell usa como exemplo o enunciado "o atual rei da França é calvo" e argumenta que a validade da proposição é determinada pela relação entre três partes distintas do enunciado. Para demonstrar a necessidade de harmonia entre os três elementos, Russell dividiu o enunciado da seguinte maneira:

> *Há um X.*
> *X = o atual rei da França.*
> *Nada além de X pode equivaler ao atual rei da França.*
> *X é calvo.*
> – Bertrand Russell, "Da Detonação" (1905)

A descrição definida é composta de dois elementos: X é "o" rei da França e ele é "o atual" rei (não "um" rei anterior). O outro elemento é: X é calvo. Russell argumenta que os três elementos precisam estar relacionados para criar uma aparência de verdade. Se um dos elementos está fora de harmonia, então o enunciado é falso. No entanto, é interessante notar que o enunciado continua tendo sentido, mesmo com um dos elementos fora de ordem com relação aos outros dois. Se a proposição é reformulada como "o rei da França é calvo", a relação entre os elementos da descrição, embora aparentemente "definida", é, na verdade, arbitrária, já que nosso conhecimento descritivo do sujeito nos diz que houve muitos reis da França. Nesse sentido, qualquer avaliação de verdade absoluta é mais uma questão de como a linguagem é usada nas proposições e de como são definidos os elementos das proposições (o que é uma questão de descrição).

A visão de Russell sobre filosofia da verdade e sua relação com a linguagem é precedida por Friedrich Nietzsche numa obra chamada *Verdade e Mentira no Sentido Extramoral*, escrita em 1873, mas não publicada até sua morte. Nela, o autor trata principalmente da relação entre verdade e linguagem no contexto da formação de conceitos. Para Nietzsche, as palavras se tornam conceitos para articular uma uniformidade de experiência que facilita a comunicação. Para Nietzsche, o problema é que a relação entre as palavras e os conceitos que denotam não fornece descrições definidas, mas metafóricas, que são por si sós arbitrárias. Um cachorro é um cachorro apenas na medida em que atribuímos a palavra metafórica cachorro ao conceito do animal que conhecemos. Assim, para Nietzsche, palavras e conceitos são meramente metáforas, que não correspondem à sua "verdadeira" realidade. Com um floreio deliberadamente literário, Nietzsche, depois de declarar que verdades absolutas não podem existir, define o conceito de verdade nos seguintes termos:

> *Um exército móvel de metáforas, metonímias e antropomorfismos – em suma, uma soma de relações humanas que foram enfatizadas, transpostas e adornadas de forma poética ou retórica, e que depois de um longo uso parecem consolidadas, canônicas e obrigatórias para as pessoas: verdades são ilusões das quais se esqueceu que o são; metáforas desgastadas e sem poder sensorial; moedas que perderam seu cunho e que são agora simplesmente metal, não mais moedas.*
>
> – Friedrich Nietzsche, *Verdade e Mentira no Sentido Extramoral* (1873)

A ideia de verdade como metáfora para descrever uma forma de moeda corrente social (belamente representada por Nietzsche como "moedas que perderam seu cunho") acabaria sendo muito sedutora e influente para filósofos franceses pós-modernistas como Michel Foucault e Jacques Derrida nos anos 1960 e 1970.

> " Verdade em filosofia significa que conceito e realidade externa correspondem. "
> – Georg Wilhelm Friedrich Hegel (1770-1831)

O QUE SÃO "MEIOS DE PRODUÇÃO"?

Karl Marx (1818-1883) foi, sob muitos aspectos, um dos mais influentes filósofos modernos no campo do pensamento político. A principal obra de Marx, *O Capital* (1867), é considerada uma das primeiras dissecções sistemáticas das estruturas econômicas que sustentam as sociedades industriais. Na análise de Marx, é central o conceito do modo de produção, relacionado à organização explícita da produção econômica nas sociedades modernas. Um dos aspectos do modo de produção são os meios de produção, que incluem recursos como complexos industriais, matéria-prima, fontes de energia, instalações agrícolas e mão de obra. Inclui também o trabalho e a organização da força de trabalho. Marx descreve também o que chama de relações de produção: em suma, a relação entre o grupo na sociedade que é dono dos meios de produção – a burguesia – e os grupos subjugados que não têm acesso aos meios de produção, incluindo a força de trabalho da referida produção – o proletariado. Marx sustenta que a história da sociedade humana surge da interação entre o modo de produção e as relações de produção.

O capitalismo pode ser definido como um modo de produção caracterizado pelo fato de os meios de produção serem propriedade privada de uma pequena elite endinheirada. Essas elites usam os meios de produção para produzir mercadorias que são vendidas e trocadas em mercados distintos, mas interligados. Nesses mercados, as forças concorrentes fazem com que seja necessário produzir mercadorias pelo menor custo possível, o que por sua vez acarreta a exploração generalizada da força de trabalho (os trabalhadores ou proletariado). É do interesse dos capitalistas pagar aos trabalhadores o mínimo necessário para que sobrevivam e continuem produtivos. Isso causa atrito entre o proletariado e a burguesia e gera uma luta histórica entre as classes no contexto das relações de produção. Marx acreditava que essa luta de classes iria acabar por se manifestar na demolição do sistema capitalista e no nascimento de um novo sistema de propriedade coletiva dos meios de produção, conhecido como comunismo.

> " O que é comunismo? É o seguinte:
> se você comeu o suficiente para matar a
> fome e ainda assim sobra comida –
> ela pertence a outro homem. "
> – A. R. Murugadoss, *Kaththi* (2014)

As primeiras obras de Marx são fortemente inspiradas em Hegel, sobretudo na noção hegeliana de dialética. O modelo de Hegel é, em suma, uma descrição da evolução das ideias e pensamentos humanos através de um processo de síntese entre duas perspectivas conflitantes. Marx era materialista e acreditava que os seres humanos se definem através das coisas que criam por meio do trabalho. No sistema capitalista, o trabalhador se torna alienado porque não participa dos meios de produção e isso o separa do seu modo de existência mais básico e senso de identidade. Para Marx, os frutos do trabalho não servem apenas para satisfazer instintos básicos de sobrevivência, mas para projetar identidade pessoal e um senso de autovalor. O capitalismo nega ao trabalhador essa capacidade de autocriação por meio do trabalho e priva as pessoas de sua identidade, alienando-as não apenas de si mesmas, mas também umas das outras.

Por meio do trabalho, os seres humanos transformam materiais em objetos ou coisas cujo valor depende de sua utilidade como mercadoria. O trabalho permite aos seres humanos satisfazer suas necessidades mais básicas e se projetarem no mundo. A propriedade privada dos meios de produção separa os seres humanos desse processo de autocriação e o trabalho se torna apenas um meio para um fim e um esforço de sobrevivência, já que seus produtos são expropriados pela burguesia e vendidos para lucro pessoal com o objetivo de manter os interesses econômicos de uma elite minoritária. Esse processo de alienação separa os seres humanos do processo que transforma matéria objetiva em objetos ou coisas de valor de uso, o que Marx considera uma faceta fundamental da vida e da experiência humanas. Negada a oportunidade de participação coletiva nos frutos do próprio trabalho, o proletariado alienado vê seus senhores capitalistas como "outro". Essa luta de classes antagonistas será naturalmente resolvida pela derrubada do sistema capitalista e por sua substituição pela propriedade coletiva dos meios de produção.

A influência dos escritos de Hegel é mais perceptível no conceito marxista de materialismo histórico. Para Hegel, a consciência humana pode ser definida como um processo evolutivo ou jornada que acompanha o desenvolvimento dos pensamentos, de ideias simples a sistemas complexos. A capacidade humana de articular pensamentos começou com tentativas muito simples e básicas de compreender a natureza dos objetos e progrediu depois, por intermédio do processo dialético, para formas de consciência mais elevadas e abstratas. A história, segundo Hegel, também está sujeita a esse processo dialético na medida em que cada civilização desenvolve e constrói a partir dos conflitos e contradições de eras anteriores. Como as ideias são o principal meio pelo qual os seres humanos compreendem o mundo, a história do mundo é, na essência, a história das ideias, de sua evolução e desenvolvimento ao longo do tempo e da contestação e resolução de suas contradições no nível conceitual.

A visão marxista da história adota a ideia da dialética, mas difere da visão de Hegel, uma vez que é baseada não no idealismo, mas no materialismo. Para Marx, as épocas históricas podem ser compreendidas por meio da análise das estruturas e métodos de organização social que uma determinada sociedade ou civilização adota, e de sua relação com as necessidades e requisitos materiais mais básicos dos seres humanos. Assim, para Marx, a história é fundamentada no materialismo histórico e pode ser vista como a evolução de diferentes sistemas econômicos e modos de produção, que são criados para atender nossas necessidades materiais básicas, mas que acabam levando a conflitos e à criação de novos sistemas sociais que também evoluem com o tempo.

O Ataque a Bomba à Tumba de Marx

A tumba de Karl Marx, no Cemitério de Highgate, em Londres, foi erigida em 1955, no local do seu túmulo. O imponente pedestal e o busto esculpido por Laurence Bradshaw foram pagos com contribuições voluntárias do Partido Comunista da Grã-Bretanha e atrai centenas de visitantes todos os anos. No entanto, a tumba foi vandalizada em várias ocasiões e foi alvo de um ataque bizarro no dia 18 de setembro de 1970. Arquivos policiais divulgados recentemente relatam que os vândalos usaram uma bomba de fabricação caseira feita com fogos de artifício e pesticida, e que tentaram perfurar a cabeça do busto para pôr a bomba dentro da estátua. O plano falhou, já que não conseguiram cortar o nariz de Karl Marx e optaram por detonar a bomba no pedestal. Embora toscamente construída, a bomba abalou algumas pedras do pavimento e causou um dano de seiscentas libras ao pedestal de mármore. Os culpados nunca foram presos e nenhum grupo de ativistas políticos reivindicou a responsabilidade pelo ataque.

EXISTEM QUESTÕES QUE A CIÊNCIA NÃO CONSEGUE RESPONDER?

Perguntar se há questões que a ciência não consegue resolver parece envolver um oximoro conceitual. O propósito da ciência, no sentido clássico, está ligado à busca pelo conhecimento do que era antes desconhecido. É claro que há muitas coisas que a ciência não consegue explicar totalmente, recorrendo assim a hipóteses e postulados. A ideia de que a ciência deve ser capaz de dar explicações para tudo, dos fenômenos naturais ao comportamento humano, é conhecida em termos filosóficos como positivismo.

O positivismo é uma filosofia da ciência baseada na ideia de que o único conhecimento legítimo é o conhecimento científico. Segundo essa escola de pensamento, as ciências sociais (como a sociologia, a psicologia e a antropologia), podem, à maneira das ciências tradicionais, ser submetidas aos rigores de coletar dados empíricos e aplicar lógica matemática a esses dados para determinar verdades. Com a obtenção, análise e validação dos dados reunidos pela observação empírica, a ciência consegue formular leis gerais. Em suma, se não pode ser computado, não pode ser verdade. A perspectiva positivista afirma também que as sociedades funcionam por intermédio de leis gerais, à maneira do mundo físico, que tem leis e princípios gerais como as fases da lua ou a força de gravidade.

O positivismo rejeita a validade do pensamento abstrato ou puramente introspectivo, sendo sob esse aspecto oposto à teologia e à metafísica. Embora haja traços claros de ideias positivistas na obra de filósofos anteriores, sobretudo nos trabalhos de Francis Bacon, David Hume e George Berkeley, o termo foi desenvolvido na era moderna por Auguste Comte (1798-1857), filósofo francês do século XIX, considerado o pai das ciências sociais.

Entre 1830 e 1842, Comte publicou uma série de textos coletivamente conhecidos como *Curso de Filosofia Positiva* (1842). Os primeiros trabalhos de Comte descrevem perspectivas epistemológicas nas ciências físicas, que ele depois desenvolveu numa abordagem para a análise da mecânica que há por trás das sociedades humanas em geral. Na verdade, foi Comte que estabeleceu o termo sociologia para o estudo das sociedades. O ponto de partida de Comte é a tentativa de classificar as diferentes categorias da ciência de acordo com o que considera seu grau de positividade. Nesse critério de avaliação, o que conta é a medida pela qual fenômenos particulares observáveis podem ser determinados com exatidão. Essa exatidão é medida pelo grau em que a demonstração matemática consegue fornecer provas claras e coerentes. Comte conclui que há cinco áreas principais de indagação científica que, embora de igual valor para o conhecimento humano, podem ser classificadas segundo uma escala de positividade decrescente. A escala de Comte, em ordem decrescente, é: astronomia, física, química, biologia e sociologia.

Foi para a última categoria dessa escala de positividade, a sociologia, que Comte voltou sua atenção. Ele definiu o que via como três fases da evolução social humana desde os tempos primitivos.

A fase teológica

A fase teológica durou até o Iluminismo e é caracterizada e determinada pela súplica da humanidade a Deus e à religião. A sociedade é organizada e dominada por doutrinas religiosas que são aceitas por medo de exclusão ou perseguição movidas pela negação a qualquer tentativa racional de abordar as questões básicas da nossa existência.

A fase metafísica

A segunda fase da evolução social humana, a metafísica, começou com o Iluminismo e terminou depois da Revolução Francesa. O racionalismo lógico predominante nesse período gerou, pela primeira vez, ideias sobre a primazia dos direitos humanos e a busca por direitos universais, a serem compreendidos e aceitos por toda a humanidade. Essa busca pela compreensão do significado da experiência individual e a procura por uma consciência coletiva além dos confins restritivos da doutrina religiosa levaram inevitavelmente ao conflito e à guerra.

A fase positiva

O estágio final é a era da ciência. A sociedade humana evoluiu para a compreensão de seu funcionamento interno, da primazia dos direitos individuais e da capacidade de exercer o livre-arbítrio e de se autogovernar. O progresso entre as três fases de Comte segue a "lei universal" do desenvolvimento social humano – cada fase deve ser concluída antes que se avance para a fase seguinte. A noção de marcha progressiva é essencial para a teoria de Comte, já que o progresso exige avaliação do passado para construir o futuro, e é através da ciência (e da tecnologia) que a visão altamente utópica de Comte será realizada.

Um dos problemas dos três estágios de Comte é a questão de quando acaba o progresso. Ou, em outras palavras, quando a ideologia social para de progredir? (ver *A história já acabou?*). Para o estágio positivo ser realizado, a ciência precisaria ter, em certo sentido, todas as respostas para todas as questões.

Em segundo lugar, como a sociedade pode saber se está na fase positiva, já que pesquisa e desenvolvimento científico é um processo em andamento? Além disso, a insistência em medir a positividade segundo o que pode ser determinado com mais exatidão através de dados matemáticos derivados da observação é possivelmente estreita e redutiva. O físico alemão Werner Heisenberg, um feroz oponente do positivismo (ver citação abaixo), formulou o que é conhecido como *princípio da incerteza*. Heisenberg afirma que a velocidade exata e a posição exata de uma partícula no espaço não podem ser conhecidas simultaneamente. Ou, em outras palavras, o objeto da observação é diretamente influenciado pelo observador, obedecendo assim ao princípio da incerteza em qualquer avaliação de exatidão (ou positividade). Nesse sentido, pelo menos por ora, parece que a humanidade ainda está na fase metafísica, havendo muitas questões que a ciência não consegue responder.

" Os positivistas têm uma solução simples: o mundo deve ser dividido entre o que nós podemos dizer claramente e o resto, sobre o qual é melhor que nós permaneçamos em silêncio. Mas pode alguém conceber uma filosofia mais inútil, uma vez que o que nós dizemos claramente se reduz a quase nada? Se nós omitíssemos tudo o que é obscuro, o que restaria para nós seriam tautologias triviais e desinteressantes. "
– Werner Heisenberg, *A Parte e o Todo: Encontros e Conversas Sobre Física, Filosofia, Religião e Política* (1971)

AS PALAVRAS TÊM SIGNIFICADO?

Tradicionalmente, as tentativas filosóficas de estabelecer se as palavras têm significado giram em torno da ideia de que a definição de palavra (e, portanto, seu significado) vem da interação entre o signo (símbolos escritos ou sons falados) e o objeto a que ele se refere. Assim, a palavra "cachorro" significa um mamífero quadrúpede do gênero *Canis familiaris*. Em termos filosóficos, isso é conhecido como *teoria da correspondência* do significado. Segundo ela, para ter significado, as ideias e enunciados verdadeiros devem corresponder a seus objetos como eles são e que os significados relacionados devem estar em harmonia com essas ideias e enunciados. Assim, a verdade ou falsidade de uma representação (símbolo ou palavra) depende apenas de sua relação com a coisa e do grau de exatidão com que a descreve. O problema da teoria da correspondência é que ela se baseia no pressuposto de que há uma realidade objetiva observável que pode ser descrita com exatidão através de símbolos, sons e pensamentos. Os filósofos modernos questionam a validade da teoria da correspondência do significado, destacando como funcionam as diferentes línguas e comparando seus diferentes processos e estruturas. Muitas línguas, em particular do Sudeste Asiático, têm palavras que são idênticas em termos de som e símbolo, de modo que seu significado é deduzido do contexto formado por sua proximidade relativa com outras palavras. Embora isso não contradiga por completo a noção básica de que o verdadeiro significado das palavras é, como diz Santo Tomás de Aquino, "a equação de coisas e pensamentos", sugere, no entanto, que a produção de significado em palavras é um processo complexo.

Ludwig Wittgenstein, sobretudo em seus últimos escritos, se afastou da ideia de significado derivado da referência e da representação. A prática tradicional da filosofia analítica anterior a Wittgenstein é tomar uma proposição ou enunciado e estabelecer seu valor verdade de acordo com aspectos externos. Esses fatores definidores são ou objetos no espaço (como o nosso cachorro) ou representações mentais nos pensamentos. Wittgenstein chegou à conclusão de que a ideia de referentes externos dotando as palavras de significado é falha, já que procura no lugar errado. Wittgenstein argumenta que o significado das palavras não é encontrado por correspondência com seus referentes (físicos ou mentais), mas apenas pelo uso:

> *... se tivéssemos de nomear a vida do signo, teríamos de dizer que a vida do signo é o seu uso...*
> – Ludwig Wittgenstein, *Investigações Filosóficas* (1953)

O "significado como uso" de Wittgenstein é posto à prova em sua obra póstuma *Investigações Filosóficas* (1953), coletada de seus copiosos cadernos de anotações e manuscritos. Wittgenstein estrutura o livro em torno de uma série de experimentos mentais que ele então desconstrói com uma série de proposições conflitantes. Por exemplo, ele estabelece, como cenário hipotético, dar a alguém uma lista de compras em que está escrito "cinco maçãs vermelhas". A pessoa vai até um mercado e entrega a lista ao vendedor, que vai então a uma prateleira onde se lê "maçãs". Ele puxa então uma tabela de cores e procura a palavra "vermelho" antes de contar as cinco maçãs vermelhas. Tradicionalmente, o argumento continuaria com a pergunta (como faz Wittgenstein): "como o vendedor sabe o que a palavra cinco significa?". Wittgenstein argumenta que como o vendedor compreende o significado da palavra "cinco" não é importante nesse cenário: a única questão importante é que o vendedor entendeu como a palavra "cinco" estava sendo usada. Wittgenstein continua a elaborar sua teoria do significado como uso traçando uma analogia entre palavras e uma enorme caixa de ferramentas. Quando olhamos dentro de uma caixa de ferramentas, reconhecemos os objetos como de uso funcional – podemos nem fazer ideia para que servem algumas das ferramentas, e mesmo assim as reconhecemos como ferramentas. Da mesma forma, outras ferramentas que conhecemos têm mais de um uso e, assim, a função e, portanto, o significado da ferramenta muda em diferentes contextos.

> " Uma *grande* classe de casos do emprego da palavra 'significado' – embora não todos – pode ser explicada desta maneira: o significado de uma palavra é o seu uso na linguagem. "
> – Ludwig Wittgenstein, *Investigações Filosóficas* (1953)

Os exemplos e contradições de Wittgenstein acabaram por levá-lo à conclusão de que as funções da linguagem são análogas a um jogo. Há diferentes tipos de jogos com regras diversas e há até mesmo jogos sem nenhuma regra formal, mas o importante para Wittgenstein é conseguir reconhecer o uso (significado) inerente às funções da linguagem. Podemos reconhecer o xadrez e a cabra-cega como jogos e diferenciar um do outro, mas isso não depende de uma definição exata do significado da palavra jogo: é meramente como a palavra é aplicada a diferentes contextos sociais que determina como ela está sendo usada e, portanto, seu significado.

O método Wittgenstein para treinar cachorros

Ludwig Wittgenstein ficou famoso durante os dois períodos que trabalhou na Universidade de Cambridge pelo seu comportamento errático e excêntrico. Durante uma reunião no Clube de Ciências Morais de Cambridge, um grupo de discussões de acadêmicos de Oxbridge, Wittgenstein teria ameaçado o filósofo austríaco Karl Popper com um atiçador em brasa durante uma discussão sobre a validade das regras morais. Popper alegava que os problemas filosóficos são reais e relacionados à vida das pessoas, enquanto Wittgenstein alegava que são meramente "jogos" linguísticos.

O amigo e biógrafo de Wittgenstein, Norman Malcolm, conta que teve um debate caloroso com Wittgenstein sobre a legitimidade de definições ostensivas como meio de ensinar línguas às crianças. Definição ostensiva é um processo de definição de significado através de exemplos. Malcolm voltou para casa uma tarde e encontrou Wittgenstein em seu jardim com seu *dachshund* de estimação. Wittgenstein estava curvado sobre o cachorro com uma bengala na mão repetindo a frase "isto é uma bengala, aquilo é uma árvore" e apontando para uma macieira no jardim. Segundo Malcolm, Wittgenstein passou duas horas repetindo a mesma frase para o desnorteado cachorro, que acabou se cansando e indo embora. Mais tarde, quando Malcolm olhou pela janela da cozinha, viu Wittgenstein deitado de costas na grama com a bengala entre os dentes.

" O que é racional é real, e o que é real é racional. "
– Georg Wilhelm Friedrich Hegel (1770-1831)

SERÁ QUE EXISTEM COISAS COMO SORTE E DESTINO?

Na mitologia e na literatura gregas – sobretudo na obra do grande poeta Homero –, a sorte e o destino são fixos e predeterminados no nascimento. Sendo a sorte inevitável, aceitá-la e viver de acordo com ela mostrava coragem, enquanto tentar evitar a própria sorte era pecaminoso e poderia enfurecer os deuses. Essa ideia de aceitar a própria sorte com honra pode ser considerada a precursora das ideias posteriores do estoicismo (ver *O copo está meio cheio ou meio vazio?*).

Um filósofo pré-socrático que rejeita a visão grega tradicional de sorte é Heráclito (c. 540-480 a.C.).

Heráclito nasceu na cidade grega de Éfeso, atual Turquia, e é considerado o último dos grandes filósofos da Escola Jônica* (uma das quatro principais escolas filosóficas da Grécia Antiga). Há pouca informação sobre sua vida além das histórias contadas pelo

---

* Além das escolas Pitagórica, Eleática e Pluralista, a Escola Jônica (focada na questão cosmológica sobre a natureza da matéria) foi uma das quatro escolas do pensamento pré-socrático. Originou-se na cidade de Mileto, nos séculos VI e V a.C. (N.E.)

historiador grego e hagiógrafo Diógenes Laércio em *Vidas e Doutrinas dos Filósofos Ilustres* (da primeira metade do século III d.C.).

Diógenes retrata Heráclito como uma figura misantrópica e melancólica, crítico ferrenho de seus predecessores e pares. A filosofia de Heráclito sobrevive na forma de cerca de cem frases estruturadas em epigramas que têm a qualidade de enigmas e provérbios. Essa forma deliberadamente obscura levou a interpretações conflitantes de alguns enunciados de Heráclito. No entanto, apesar da abordagem pouco convencional, há conceitos claros a que Heráclito recorre com frequência, como o da unidade dos opostos e o do fluxo universal, cuja afirmação radical é cerne do seu pensamento. Essa tese do fluxo universal defende que tudo no universo está constantemente fluindo e se movendo como um rio interminável. Heráclito tinha especial predileção por essa analogia do rio, e filósofos posteriores, como Platão, creditam a ele o famoso aforismo:

> *Tudo se move e nada permanece imóvel e não se pode entrar duas vezes no mesmo rio.*
> – Heráclito de Éfeso, *Fragmentos Contextualizados*

Partindo de suas observações dos elementos e processos perpétuos do mundo natural, Heráclito descreve o mundo como "um fogo eternamente vivo, acendendo-se e apagando-se conforme a medida". O fogo é o elemento básico: "Morte de fogo gênese para ar, morte de ar gênese para água". A esse respeito, o fluxo universal que constitui o mundo (e por extensão o universo como um todo) é uma jornada de transformações perpétuas entre os elementos e, assim, "tudo é um" através dessa interconexão e fluxo constante.

A afirmação "tudo é um" no fluxo universal parece negar a ideia de diferença. Mas Heráclito argumenta que a diferença e a mudança dependem da "unidade dos opostos". O dia existe por causa da noite, o alto existe por causa do baixo, o preto existe por causa do branco, o fogo existe por causa da água, e assim por diante. O fluxo universal é mantido pelo equilíbrio cosmológico estabelecido através do equilíbrio dos opostos.

Heráclito nos desafia a aceitar que vivemos num mundo "que nenhum deus ou homem fez" ou predeterminou, o que afeta valores e crenças comuns (no tempo dele pelo menos). Ele aconselha que as pessoas tenham uma visão mais distanciada da vida, que seus leitores pensem sem levar em consideração suas preocupações puramente pessoais e vejam o mundo de uma perspectiva mais distanciada. Com o uso de enigmas e aforismos metafóricos, Heráclito pretende questionar a relatividade das opiniões e julgamentos de valor, como as ideias de destino e sorte. A sugestão é que, a menos que reflitam sobre suas experiências e cultivem uma mente baseada em sabedoria, força e predeterminação, as pessoas estarão condenadas a viver uma existência de zumbis, o que não está em harmonia com a fórmula do fluxo universal que governa a natureza do universo.

" Caráter é destino. "

– Heráclito de Éfeso, *Fragmentos Contextualizados*

Assim, o "fogo perpétuo" constitui e simboliza os processos da natureza em geral, mas também a natureza da alma humana. Heráclito acredita que, simbolicamente, a alma humana é composta dos elementos Fogo e Água. Como fonte de vida e pensamento, uma alma "ígnea" dá às pessoas o caráter necessário para que examinem a si mesmas e as suas ações e, através do processo de reflexão, possam se tornar um com a fórmula da natureza.

A noção de Heráclito de alma ígnea como parte do fluxo natural teve implicações importantes para o conceito grego de destino. Um dos mais famosos aforismos de Heráclito, "caráter é destino", parece estar em desacordo com a ideia de destino predeterminado e de um poder além do nosso alcance. Heráclito parece sugerir que o cultivo de uma alma ígnea é sinônimo de desenvolvimento do caráter pessoal e da capacidade de pensar profundamente sobre a vida e as decisões que tomamos. Assim, é o nosso caráter e não uma força incorpórea que determina o destino e a sorte.

> *"Caráter é destino", diz Novalis, num dos seus aforismos.*
> – George Eliot, *O Moinho Sobre o Rio* (1860)

George Eliot e o Poeta Alemão

O fato de Eliot usar essa frase causou controvérsia entre seus estudiosos, já que parece ser uma citação equivocada. Novalis, a quem Eliot atribui o aforismo, é o codinome de Georg Philipp Friedrich von Hardenberg, um poeta obscuro do movimento romântico alemão no final do século XVIII.

George Eliot (nome real da escritora e romancista Mary Anne Evans) era uma ávida leitora quando criança e teve acesso à biblioteca de Arbury Hall, o estado onde cresceu. Muitos dos romances de George Eliot incorporam ideias e motivos influenciados por seu amor pela filosofia e literatura gregas, por isso parece provável que ela tivesse conhecimento das obras de Heráclito. Alguns críticos sugerem que o "erro" de Eliot é uma piada com a poesia de Novalis e uma brincadeira deliberada dirigida aos leitores.

A HISTÓRIA JÁ ACABOU?

A expressão "fim da história" se refere a uma proposição teórica da filosofia política, segundo a qual a humanidade já teria atingido a apoteose de seu desenvolvimento econômico e social. Para compreender essa filosofia audaciosa, é importante separar a ideia de fim da história da ideia de fim dos tempos, ou de profecias apocalípticas do fim do mundo, comuns em muitas doutrinas religiosas ou cultos quase religiosos.

Em 1989, o teórico e comentador político Francis Fukuyama publicou um ensaio controverso intitulado "O Fim da História?" na seção de assuntos internacionais da revista *The National Interest*. Fundamental na tese de Fukuyama (desenvolvida a partir de seu livro de 1992, *O Fim da História e o Último Homem*) é a visão de que a própria história não é uma linha do tempo de acontecimentos conectados ou não conectados, mas um processo evolutivo. O final da década de 1980 viu o colapso dos regimes comunistas nos países que faziam parte da Cortina de Ferro na Europa Oriental, culminando na queda do Muro de Berlim em novembro de 1989. Isso anunciou o fim da Guerra Fria e as décadas de trégua nuclear entre Oriente e Ocidente. Para Fukuyama, a experiência comunista, que segundo Marx substituiria de maneira natural e necessária o capitalismo, falhara, deixando a democracia liberal do Ocidente como a ideologia política e social dominante que forma a base para a manutenção das sociedades civis. Fukuyama alega que, desde a Revolução Francesa (c. 1789-1799), a história moderna tem se caracterizado pelo desenvolvimento de ideologias conflitantes quanto à organização da sociedade, culminando na formação das democracias capitalistas ocidentais. Isso não quer dizer que a história tenha parado e que não haverá mais acontecimentos, mas que não haverá mais nada de novo em ideologia política.

A teoria de Fukuyama acendeu um debate furioso entre os estudiosos. Para muitos pensadores de inclinação esquerdista, como o filósofo francês Jacques Derrida (1930-2004), o ensaio de Fukuyama não passa do triunfalismo de um canto fúnebre neoconservador para desacreditar o marxismo e reivindicar superioridade ideológica para o capitalismo de livre mercado. A fim de contestar a teoria de Fukuyama, Derrida ressalta a desigualdade óbvia dominante no mundo e o fato de que isso pode ser visto como um subproduto concomitante do capitalismo:

> *Porque é preciso gritar, no momento em que alguns ousam neoevangelizar em nome de uma democracia liberal finalmente consumada como o ideal da história humana, é necessário dizer bem alto: nunca a violência, a desigualdade, a exclusão, a fome e, portanto, a opressão econômica afetaram tantos seres humanos na história da terra e da humanidade.*
> – Jacques Derrida, *Espectros de Marx* (1993)

Fukuyama usou a queda do Bloco Oriental e a rápida mudança de economia centralizada e estados unipartidários para estados democráticos de livre mercado como evidência empírica de que os sistemas democráticos liberais tinham vencido a guerra ideológica contra o marxismo, que havia florescido e predominado em muitos lugares logo após o período do pós-guerra. O fato de o racismo, a pobreza e a desigualdade continuarem a existir nessas "utopias" liberais era uma infelicidade, mas não restavam novas ideologias políticas ou movimentos revolucionários organizados capazes de combater a ideologia dominante. Ou seja, a democracia ainda é a melhor forma de governo, pois como disse Winston Churchill em 1947 num discurso na Câmara dos Comuns: "a democracia é a pior forma de governo, exceto todas as outras formas que têm sido experimentadas de tempos em tempos".

> " O vento das revoluções não é manejável. "
> – Victor Hugo, *Os Miseráveis* (1862)

Será essa cessação de ideologias sociopolíticas realmente verdadeira? A ascensão ao poder econômico e militar de estados unipartidários como a China, a Coreia do Norte e, em certa medida, a Rússia de Vladimir Putin parece sugerir que o comunismo está longe de estar morto como sistema social e político. O Movimento Quinta República, do antigo presidente da Venezuela, Hugo Chávez, demonstrou que o apoio popular ainda podia ser usado em nome do socialismo tradicional. É interessante lembrar que Chávez atacou diretamente o fim da história de Fukuyama durante um pronunciamento na Assembleia das Nações Unidas em 2006. Fukuyama reagiu argumentando que o superestado socialista de Chávez só seria possível se fosse custeado pelas reservas de petróleo venezuelano descobertas na época em que Chávez adquiriu destaque político, estando assim, no fim das contas, incluído na ideologia capitalista.

A tese do fim da história de Fukuyama também foi contestada depois dos ataques aos Estados Unidos em 11 de setembro de 2001. O avanço do fundamentalismo islâmico com seu claro antagonismo pelas democracias liberais do Ocidente é um exemplo claro de dissidência clamorosa e organizada. A crise financeira de 2008 deu origem também ao movimento Occupy Wall Street ("Ocupe Wall Street"), com seus protestos em centros financeiros de Londres e Nova York. As demonstrações antiausteridade em partes da Europa, embora fragmentadas, mostram que Fukuyama pode ter sido um pouco apressado ao dizer que a história acabou e que não haverá mais nada de novo na evolução da ideologia social, política e econômica da espécie humana.

Fim da História *versus* Início do Futuro

O debate sobre o fim da história teve o seu papel numa competição para criar a cerveja mais forte do mundo em termos de teor alcoólico. Em 2010, a microcervejaria escocesa BrewDog produziu uma edição limitada de doze garrafas de cerveja com teor alcoólico de 55% de ABV (Alcohol by Volume, ou seja, álcool por volume). A BrewDog foi fundada por Martin Dickie e James Watt, que se conheceram quando estudavam filosofia na Universidade de Aberdeen. Eles chamaram sua cerveja recordista mundial de "O Fim da História", em tributo sarcástico ao controverso ensaio de Fukuyama. A cerveja também gerou controvérsias e críticas dos defensores dos direitos dos animais, já que as garrafas eram encaixadas dentro de esquilos empalhados e vendidas na internet por 750 libras cada.

A BrewDog detém o recorde por apenas duas semanas, quando "O Fim da História" foi superada por uma cerveja ainda mais forte, criada por uma microcervejaria alemã, a 't Koelschip. A cerveja com 60% de ABV da empresa alemã foi criada graças a um método revolucionário de fermentação criogênica e, numa referência maliciosa aos concorrentes, foi chamada de "Início do Futuro".

EXISTE VIDA DEPOIS DA MORTE?

Ao abordar a questão da vida depois da morte, parece um pouco fútil recuar para uma posição agnóstica. O arquipessimista Arthur Schopenhauer tem uma visão niilista a respeito da morte, que é definida num enunciado famoso: "Depois da morte, você será o que era antes de nascer". Pelo menos, essa parece ser a visão de Schopenhauer: nascemos do nada e quando morremos voltamos ao vazio da não existência. Mas, apesar dessa visão notoriamente sombria (ver o O Café da Manhã de Schopenhauer), há uma empatia subjacente nos escritos de Schopenhauer, um sentimento de que, em algum lugar, de alguma forma, deve haver uma fuga do sofrimento implacável de muito do que constitui a vida humana. A citação a seguir parece sugerir que a natureza aparentemente fútil da perda deveria talvez ser reconsiderada:

> *A dor profunda que se sente diante da morte de qualquer alma benévola vem do sentimento de que há em cada indivíduo algo de inexprimível, peculiar só a ele e que está, portanto, absoluta e irreparavelmente perdido.*
> – Arthur Schopenhauer, *Parerga e Paralipomena*, Volume 2 (1851)

Schopenhauer é basicamente um materialista, uma vez que acredita que o mundo consiste em objetos que devem ser construídos a partir de algo material (a ideia de que, quando concebemos a substância, conseguimos pensar apenas em termos de matéria). Schopenhauer acredita que há uma relação entre materialismo e idealismo: ou seja, sistemas de pensamento em que os objetos do conhecimento dependem da atividade da mente, ou em que as funções do cérebro individual são processos materiais. Isso é como andar numa corda bamba, já que é uma posição entre as ideias opostas de materialismo – em que há apenas matéria, átomos, partículas e coisas sujeitas às leis da predeterminação – e dualismo – em que as funções da mente e da alma são separadas da realidade física do mundo.

Os materialistas argumentam que, se não existe nada além do corpo físico e a morte o destrói, segue-se que deixamos de existir e que nada resta de nós como pessoas. O dualismo parece se prestar mais prontamente às ideias de vida depois da morte. Se temos mente e alma não físicas (ou imateriais) e se isso é que verdadeiramente nos constitui como pessoas, então até mesmo a total erradicação do corpo físico não acarreta nossa completa extinção. Segundo uma das principais teorias a favor do dualismo, é concebível que a mente humana possa existir sem o corpo, já que a necessidade do corpo é condicional, ligada apenas à nossa atual compreensão das leis da natureza. Um Deus onipotente e onipresente criou essas leis e, portanto, é capaz, assim como nos mitos de ressurreição, de violar as leis do corpo físico.

Uma das principais objeções às teorias dualistas de vida depois da morte gira em torno do problema da identidade. Ao descrever a identidade de uma pessoa, não estamos descrevendo a identidade de sua alma. Isso ocorre porque, assumindo que as almas não podem ser percebidas, já que não existem na realidade física, então como reconhecê-las? Além disso, o que tomamos por identidade de uma pessoa durante um período de tempo não pode corresponder à identidade da alma ao longo do tempo. Podemos reconhecer e identificar o corpo de uma pessoa. No entanto, depois que ela morre e as partículas que constituem seu corpo começam a se separar e a se decompor, esse corpo não se assemelha mais (para fins de identificação) à alma incorpórea que supostamente sobreviveu.

Isso apresenta um problema lógico para os materialistas em suas considerações da questão da vida depois da morte, principalmente porque há um problema envolvendo a preservação da identidade pessoal. Na teologia dualista, a identidade pessoal é mantida por meio da dissolução da alma entre a morte e a ressurreição, ou renascimento. Os materialistas argumentam que não pode haver uma ponte entre o corpo que morreu e o corpo que renasceu. Assim, como podemos ter certeza de que o corpo que ressuscitou é pessoalmente identificável com o corpo que morreu?

A teoria da recriação sugere que Deus, ou algum poder superior, reconstrói a pessoa com características idênticas às da que morreu. O problema epistemológico no cerne das teorias da recriação é que, supondo que Deus seja capaz de reconstruir um corpo idêntico à sua forma original, o que O impede de fazer múltiplos corpos ou cópias da mesma forma corporal? Como a unicidade da identidade pessoal é preservada em forma física ou espiritual? Parece difícil não ver a pessoa ressuscitada como uma mera réplica, já que existimos num determinado ponto do tempo, deixamos de existir e então somos recriados. Cabe perguntar por que o processo da morte seria necessário afinal de contas.

> " A vida não deixa de ser engraçada quando as pessoas morrem mais do que ela deixa de ser séria quando as pessoas riem. "
> – George Bernard Shaw (1865-1950)

O filósofo norte-americano contemporâneo Peter van Inwagen examinou as falácias inerentes aos mitos da recriação no artigo "A Possibilidade de Ressurreição" (1992). Van Inwagen apresenta um exemplo hipotético baseado em relíquias de santos de mosteiros católicos. No seu cenário, certo mosteiro alega possuir um manuscrito escrito por Santo Agostinho. A história do mosteiro mostra que tribos arianas saquearam o mosteiro em 457 d.C. e queimaram tudo o que ele continha, inclusive o manuscrito de Santo Agostinho. Como, então, tinha o manuscrito sobrevivido ao fogo? Os monges alegam que Deus o recriou em 458. Mesmo se aceitarmos a intervenção miraculosa de Deus, o manuscrito que Deus recriou não pode ser o mesmo que foi queimado, porque não existia no mundo em que Santo Agostinho vivia. No entanto, os monges insistem que o manuscrito é o mesmo que Santo Agostinho escreveu. Assim, a questão é em que medida uma recriação pode reter sua unicidade, ou será o ato de recriação semelhante à clonagem ou à produção de réplicas? Van Inwagen, um católico devoto, chega à conclusão de que talvez não seja possível compreender plenamente as noções de vida depois da morte e de recriação pelo simples fato de não termos ainda os recursos conceituais necessários. A crença na vida depois da morte, no renascimento ou ressurreição, é um princípio central a muitas religiões e fés. Ela proporciona conforto e significado à existência da mente e do corpo terreno. Talvez a crença na vida depois da morte deva ser encarada como uma questão de fé acima da razão.

CONCLUSÃO
NUMA CASCA DE NOZ

Na introdução deste livro, ponderei sobre a natureza da filosofia e perguntei se é realmente possível apresentá-la "numa casca de noz". Neste livro procurei apresentar os pensamentos e argumentos filosóficos de alguns dos maiores pensadores da história em sua tentativa de responder as "grandes questões" que ocorrem a todos nós de tempos em tempos. Até certo ponto, suas respostas (ou réplicas, já que muitos filósofos não respondem às perguntas no sentido tradicional) devem ser entendidas no contexto de como eles se esforçaram para compreender e analisar seus respectivos mundos.

Nos séculos XVII e XVIII, uma clara mudança afastou o foco dos aspectos mais cerebrais da investigação filosófica, aproximando-o da experiência e da observação científica como meio de determinar verdades sobre o mundo e nossas experiências. Os horrores do século XX, a era nuclear e os grandes avanços em tecnologia parecem ter relegado a filosofia às margens do conhecimento humano. A filosofia era vista então como uma busca puramente acadêmica: "a história das ideias" e não um estudo prático a ser aplicado à vida cotidiana. Pode-se argumentar que os acadêmicos são os responsáveis por isso, já que as rígidas estruturas analíticas da idade da razão foram rejeitadas e substituídas por conceitos obscuros, acompanhados por uma terminologia desconcertante e pela presença cada vez maior de áreas especializadas de estudo (como a hermenêutica e a desconstrução) na era autodenominada pós-moderna.

Estamos vivendo numa era em que a propagação de informação está se tornando cada vez mais rápida. Com a internet e as mídias sociais, pensamentos, ideias e opiniões podem ser difundidos e compartilhados com velocidade e regularidade incríveis. Em teoria, isso deveria ser bom para a livre troca de ideias. Se o objeto da filosofia é levantar questões e testar argumentos e proposições sobre a vida e o pensamento humano, a liberdade de expressão que a era da informação permite deveria ser uma bênção divina. Problemas existem, como ilustram as recentes controvérsias acerca da vigilância e do controle da internet por parte de organizações governamentais e companhias multinacionais. As ideias e questões tradicionais sobre liberdade pessoal poderiam ser ressuscitadas num contexto sociopolítico totalmente novo.

Temas ecológicos e ambientais apresentarão objetos de discussão fundamentais para os filósofos do presente e do futuro próximo. Tradicionalmente, a filosofia grega antiga, em particular na área da ética, preocupava-se com a questão de como viver uma vida virtuosa e plena. Os perigos do aquecimento global, as fontes sustentáveis de energia, a pobreza, a fome e a doença no mundo todo desviaram a ênfase de questões individuais para a questão mundial da sobrevivência dos seres humanos como espécie. Assim, esse pode ser o desafio para a filosofia do futuro.

Outro tema básico para os futuros filósofos é o meio ambiente e, em particular, o impacto do aquecimento global. "Como viver", a questão básica levantada por todos os grandes pensadores, muda de novo o foco para enfatizar: "como é possível viver" neste mundo que se aproxima rapidamente de um ponto de insustentabilidade política, econômica e talvez da própria vida como a conhecemos? Nessa luz, a tarefa da filosofia não é apenas compreender a ética e o conhecimento humano, mas algo muito mais fundamental: garantir a sobrevivência da civilização e salvaguardar as futuras gerações. Serão essas as questões da filosofia numa casca de noz?

AGRADECIMENTOS

Gostaria de agradecer às seguintes pessoas, cuja gentileza, ajuda e conselho têm tido valor inestimável na compilação de dados que me ajudou a escrever este livro. Louise Dixon, por sugerir o projeto pela primeira vez; minha excelente e sempre presente editora, Gabriella Nemeth; Charlie Mounter e a equipe de *design* e produção da Michael O'Mara Books. R. Lucas e James West e o pessoal da biblioteca da Universidade de Sussex por me permitirem usar suas instalações e resolverem minhas dúvidas. Minha mulher, Joanna Taylor, e minha linda filha Polly por me deixarem testar com elas algumas questões e charadas filosóficas, e por seu amor e apoio constantes.

BIBLIOGRAFIA SELECIONADA

Ayer, A. J. *The Central Questions of Philosophy* (Holt, Londres, 1974).

Blackburn, Simon. *Think: A Compelling Introduction to Philosophy* (Oxford University Press, Oxford, 1999).

Blackburn, Simon (org.). *Oxford Dictionary of Philosophy* (Oxford University Press, Oxford, 2008).

Cahn, Stephen M. *Exploring Philosophy: An Introductory Anthology* (Oxford University Press, Oxford, 2008).

Craig, Edward. *Philosophy: A Very Short Introduction* (Oxford University Press, 2002).

Critchley, Simon. *The Book of Dead Philosophers* (Granta, Londres, 2009).

Gaarder, Jostein. *Sophie's World* (Weidenfeld & Nicolson, Londres, 1991).

Grayling, A. C. *The Meaning of Things* (Weidenfeld & Nicholson, Londres, 2001).

Kaufman, Walter. *Existentialism from Dostoyevsky to Sartre* (New American Library, Nova York, 1975).

Kohl, Herbert. *The Age of Complexity* (Mentor Books Ltd, Nova York, 1965).

Levine, Lesley. *I Think, Therefore I Am* (Michael O'Mara Books Ltd, Londres, 2010).

Mautner, Thomas (org.). *Penguin Dictionary of Philosophy* (Penguin Books, Londres, 1997).

Monk, Ray e Raphael, Frederic. *The Great Philosophers* (Weidenfeld & Nicholson, Londres, 2000).

Nagel, Thomas. *What Does It All Mean?* (Oxford University Press, Oxford, 2004).

Pirie, Madsen. *101 Great Philosophers: Makers of Modern Thought* (Bloomsbury, Londres, 2009).

Russell, Bertrand. *History of Western Philosophy* (Allen & Unwin Ltd, Londres, 1961).

Singer, Peter. *The Life You Can Save* (Random House, Nova York e Londres, 2010).

Suits, Bernard. *The Grasshopper: Games, Life and Utopia* (Broadview Press, Londres, 2005).

Urmson, J. O. e Rée, Jonathan. *The Concise Encyclopedia of Western Philosophy & Philosophers* (Routledge, Nova York e Londres, 1989).

Warburton, Nigel. *Philosophy: The Basics* (Routledge, Londres, 2012).